知のミュージアム

多摩・武蔵野検定
模擬問題集

もっと知りたくなるわがまち

社団法人 学術・文化・産業ネットワーク多摩 編

― 目 次 ―

はじめに …………………………………………………………4

多摩へのラブレター　私の想い ………………………………6

模擬問題と解説　　地形・自然 …………………………………9
　　　　　　　　　歴史と遺産 …………………………………49
　　　　　　　　　産業と文化 …………………………………97

COLUMN

ススキの原と雑木林が広がる昔の武蔵野
　谷戸田や湿地を残す住民管理に期待 ………………………46
「国」があるのが正式呼称⁉
　『新編武蔵風土記稿』と『新編武蔵国風土記稿』 …………92
縄文時代の陥穴（おとしあな） ………………………………94
多摩の産業振興、さらに活性化　製造業の活力、23区から多摩に移行
　新たな産業支援拠点、昭島市に設立へ ……………………151
大学と地域の連携　学術・文化・産業ネットワーク多摩の挑戦 …153
ＩＴを活かしたまちづくり ……………………………………155

ENJOY&HISTORY

100メートルプールで水泳全国大会開催 ……………………31
玉川上水開削工事、2度の失敗 ………………………………32
将軍家や大名家に贈った御用鮎 ………………………………33
多摩川の羽村から砂利を運んだ　軽便鉄道廃線跡のトンネル群 ……34
深井戸27本で水道水を汲み上げる ……………………………35
100年以上前の行政区域を留めている檜原村
　田無市は合併して境界消滅 …………………………………36

野火止用水に清流復活！ ……………………………………37
狭山丘陵の緑が守られている訳 ……………………………38
土木遺産や親水景観の評価が高い
　多摩湖の湖底には161戸の水没集落があった！ ………39
多摩川を舟で渡ったバス ……………………………………41
時代とともに顔を変える拝島駅 ……………………………42
ブルーベリー、多摩川梨、ブドウ、リンゴ　「果樹の里」日野 …43
洪水免れ、ウナギを食べない ………………………………44
小平市はブルーベリー栽培の発祥地
　シンボルマーク「ぶるべー」登場 ………………………45
終戦傍受して「戦後」は調布から始まった ………………83
本陣、脇本陣がなかった布田五宿 …………………………84
幻の甲武鉄道・中央線計画 …………………………………85
原爆模擬爆弾投下で３人死亡 ………………………………85
「西の原爆ドーム・東の変電所」 …………………………86
縄文人の文化を知る　ストーンサークル田端環状積石遺構 …88
八高線列車衝突事故のモニュメント ………………………89
『吾妻鏡』に書かれた真慈悲寺の実像求めて ……………90
武蔵国に分布する神社の総社 ………………………………91
東京府下初の路線バス ………………………………………139
「ただいま猫」の石像がある　「猫返し」の阿豆佐味天神社 …140
日本の工業化へ、多摩の鉄路も延びる ……………………141
100店が連なるベースサイドストリート ……………………142
180年湧き続ける「よろこぶべき泉」銘酒に生きる ………143
ポツダム宣言を受諾した多摩送信所 ………………………144
各地を巡った泉龍寺のまわり地蔵 …………………………145
戦後、武蔵野市に５万人収容のスタジアム ………………146
新名物の「武蔵野地粉うどん」……………………………147
巽聖歌が結んだ交流の輪 ……………………………………148

宙に浮いた動物園を誘致した七生村 …………………………149
　　市民が運営する国際的なチェロ・コンクール
　　　ガスパール・カサドの遺志継ぐ ………………………………150

多摩川夢の桜街道 八十八カ所　桜の名所を巡ってみませんか…158
多摩地域のご当地ソング ……………………………………………164
だるま市 ………………………………………………………………172
七福神めぐり …………………………………………………………173
彩時季 …………………………………………………………………174
菖蒲・花菖蒲まつり …………………………………………………180
あじさいまつり　朝顔市　ほおずき市 ……………………………181
車人形　式三番　神楽　獅子舞 ……………………………………182
火渡り …………………………………………………………………183
年表　多摩・武蔵野３万年のあゆみ ………………………………184
知のミュージアム　多摩・武蔵野検定って？ ……………………194
2008（平成20）年度　知のミュージアム
多摩・武蔵野検定マスター３級検定問題 …………………………196

【この模擬問題集の使い方】

　多摩・武蔵野検定は、原則として公式テキストから出題されます（マスター３級は80％以上、マスター２級は60％以上、100問以内）。
　この本は、「多摩・武蔵野検定公式テキスト」（ダイヤモンド社発行）に準拠して作成した模擬問題を収録しました。
　公式テキストを参考に勉強し、この模擬問題集を解いて理解度を高めてください。検定試験は、ここに収録した問題に準じたものが出題されます。末尾には2008年の第１回３級検定に出題した公式問題を掲載しています。
　本書には模擬問題だけでなく、桜の名所やご当地ソング、「彩時季」なども掲載しましたので、多摩・武蔵野を愉しむガイドブックとしても活用してください。

はじめに

　多摩・武蔵野検定は、多摩にお住まいの方、多摩以外にお住まいの方も含めて、多摩の魅力を再発見していただき、そして、愉しみながら参加出来るいわばイベントです。
　この本をお手にとられた皆様は、日頃から"多摩大好き人間"だと思います。でも一度、皆様が思っていらっしゃる魅力を見なおしたり、整理したりしてみませんか？　きっと新しい魅力を発見することがあるかもしれません。これが、私たち社団法人学術・文化・産業ネットワーク多摩が多摩・武蔵野検定を始めるに当たって抱いた願いです。
　さて、2008（平成20）年10月26日に行われた第1回多摩・武蔵野検定は、1500名以上の方々に申し込みをいただき、合格率78％という結果を出すことが出来ました。そして、09（平成21）年11月8日には2回目の検定を行います。もっとたくさんの方々にこの多摩・武蔵野検定を愉しみながらチャレンジしていただきたい、もっと多摩の魅力に触れていただきたい、そんな想いからこの度『多摩・武蔵野検定　模擬問題集』を作りました。

読者の皆様に問題をご覧いただき、「えっ？　こんなことがあるの！」と思わず叫ぶような興味深い内容や、「そうだよね、多摩ってこんなにすごい所だよね」と頷くような親しみやすい内容の問題に接し、理解を深めていく愉しみを是非皆様に体験して欲しいのです。そのようなことから、多摩・武蔵野検定は皆様の参加を心から期待しています。

　多摩・武蔵野検定がより愛され、進化し、ひいてはこの地域の新たな魅力作りになる、あるいは一体感を醸成するきっかけ作りになる、そのようなことを期待してやみません。皆様の座右に置いていただけるような、そんな愛される問題集になればと心から願っております。

　この問題集の作成に当たっては、編著者であるネットワーク多摩に関わる方々や各分野でご活躍されている方々が協力してくださいました。朝日新聞姉妹紙「アサヒタウンズ」に08（平成20）年8月から掲載した問題も収載しました。作成に当たった方々にあらためて厚くお礼を申し上げます。

　　　　　　　　　社団法人学術・文化・産業ネットワーク多摩

「多摩へのラブレター───私の想い」

　2008（平成20）年10月26日に実施した「知のミュージアム第1回多摩・武蔵野検定」で、受検者の中から500名ほどの皆様が書いてくださった多摩へのラブレターの一部をご紹介します。

人と自然と都市機能

野田　基一

　東村山市で生まれ、武蔵野市、立川市、青梅市で学生時代を過ごした私にとって、多摩は故郷です。今になって多摩で育ってきて本当に良かったと思っています。

　多摩の魅力は、なんといっても「自然環境との共存」だと私は思っています。街のすぐそばには、武蔵野・多摩の自然を残した公園や緑地があります。今、私達が生活していく上で重要な都市としての機能を持ちながら自然とも共存している、とてもバランスのとれたところだと思います。

　今回、検定受検の勉強をしているうちに「多摩は文学・芸術がはぐくまれるのに最適な場所なのでは」と感じました。人と人の間に自然がある場所が多摩。その魅力を失うことなく地域が発展していくことを期待していますし、これからは自分も貢献できるようになりたいと思っています。

離れて知る多摩の居心地良さ

吉田　彩香

　私は21歳の大学生です。高校を卒業するまでの18年間、多摩市に住んでいました。その頃は多摩に執着はなく、ふるさとを出て、山梨の大学に入学したのです。その時、痛感したのが多摩の良さ、魅力、温かみでした。離れて初めてわかる地元のありがたみです。一番感じたのは多摩に住む皆様方の人柄でした。

　そういえば子供の頃、足をすりむいた時、知らない人からばんそうこうをもらったり、高校生の頃、新聞配達をしていたら「お疲れ様」と知らないおばあちゃんからパンをもらったりしたものです。

　「居心地の良さ」、これが多摩の最大の魅力ではないでしょうか。

　これから何年経とうと、多摩には都心にない、この魅力をずっと持っていてほしいのです。地元の人も他県から来た人も平等に居心地の良い町だと思えるような、この多摩の魅力をぜひ一人でも多くの人に自覚してもらいたいものです。もちろん私も次世代を担う者の一人として多摩に貢献していくつもりです。

『ネットワークを作り、活動を』

K．S

　「東京」という響きの中に、多摩・武蔵野をイメージする日本の人は少ないと思います。都政においても23区と比べ、個人的には軽視されているような印象を受けています。

　しかし、東京であって東京でない多摩・武蔵野には豊かな自然や魅力的な民芸、特産品があり、多くの個性豊かな人々が住んでいます。東京のベッドタウンとして高度成長期に移り住んだ人達の子や孫の世代が多摩・武蔵野地域を自分のふるさととして大切に思っています。また、たくさんの大学が点在し、そこで過ごした青春の日々を大切な思い出として持ち続け、社会の一線で活躍している人達もいます。そんな人達がみんなでこの地域のことを一緒に考えていけたら、とても楽しいと思います。そんなネットワークを築いていけるような活動を期待しています。

模擬問題と解説

地形・自然

問1　3級

豊かな湧き水を利用した親水空間として市民に親しまれ、国土交通省の2006（平成18）年度「手づくり郷土賞」大賞を受賞した公園は、次のうちどれでしょう。
①黒川清流公園　②野川公園　③昭和記念公園　④井の頭公園

解説

「手づくり郷土賞」は、地域の社会資本整備に創意・工夫を促し、個性あふれる活力ある地域づくりに資することを目的として、1986（昭和61）年度に創設された国土交通大臣表彰制度です。地域の個性、魅力を創出している良質な社会資本や活動を広く募集、発掘し、全国に広く紹介しています。

「黒川清流公園」は、豊田駅から徒歩10分足らず。豊富な湧き水と雑木林の斜面地を利用した、清流と緑を満喫できる日野市のシンボル的公園です。

1990(平成2)年度に「手づくり郷土賞」を受賞後、15年以上を経た今も地域住民やボランティア団体による清掃、緑地保全活動、市民と行政の協働による湧水保全活動、自然観察会などの場になっています。多くの市民に親しまれ、利用されていることが評価され、2006(平成18)年度の「手づくり郷土賞」大賞受賞となったものです。

答え　①

黒川清流公園

問2　3級

仙台藩主・伊達政宗が、その美しさに見ほれたといわれる白萩があるのはどこでしょう。
　①深大寺　②大悲願寺　③高尾山薬王院　④武蔵御嶽神社

解説

　大悲願寺は寺伝によると1191（建久2）年、京都醍醐寺澄秀を開山として平山季重が創建したといわれます。

　1669（寛文9）年建立の白壁を両袖にした仁王門をくぐると、樹齢500年を超える大杉と境内正面に極楽、地獄の見事な彫刻を施した無畏閣（観音堂）が建ち、堂内には国指定重要文化財「木造伝阿弥陀如来三尊像」が安置されています。

白萩が咲く大悲願寺

　境内には、2月の梅、4月のツツジ、5月のボタン、8月のサルスベリと四季折々に花が咲き、特に9月下旬に一面に咲く白萩は実に見事です。

　同寺15世秀雄は第13世海誉上人の弟子であり、伊達政宗の末弟であったといわれ、政宗は幾度か同地を訪ねています。ある時、庭の白萩が見事に咲いていましたが、その時は遠慮して帰り、後日わざわざ飛脚を走らせ、白萩を1株所望したという話は有名です。「政宗公実記」より1623（元和9）年と推定されており、書簡（都文化財）は「白萩文書」といわれます。

答え　②

問 3　3級

八王子市内の浅川の河原で1967（昭和42）年1月に発見された約200万年前の植物の化石は、次のうちどれでしょう。
　　①スギ　②ケヤキ　③メタセコイア　④イチョウ

解説

メタセコイアの化石
＝八王子市教育委員会提供

メタセコイアの化石は、中央自動車道の橋脚工事の際に発見されました。その後の学術調査で、橋脚下流の浅川河川敷（八王子市泉町）から29の化石株のほか、葉、枝、球果の化石も見つかりました。産出した地層から約200万年前のものと考えられます。

メタセコイアは、スギ科の落葉・落枝高木で、その化石は、北半球の新生代の地層から数多く発見されています。1945（昭和20）年、それまでは化石としてしか知られていなかったメタセコイアが、中国の揚子江沿いに生存していることがわかり、「生きた化石」として世界的に有名になりました。

メタセコイアの化石が発見された場所では99（平成11）年10月、ステゴドンゾウやシカの足跡が確認され、2001（平成13）年12月には170万年－200万年前のステゴドンゾウの化石が見つかり、当時の環境などを知る手がかりとなっています。

答え　③

問4　3級

武蔵野台地に蓄積する関東ローム層を形成した主な火山は次のうちどれでしょう。
　　①伊豆大島　②富士山　③八ケ岳　④浅間山

解説

　武蔵野台地は、多摩川の扇状地が基盤となり、その上を関東ローム層が数メートルから十数メートルも堆積しています。関東ローム層とは、関東地方に広く見られる赤土の層の

富士山の噴火口

ことで、第四紀の火山活動に由来する火山灰で覆われています。

　関東地方は、たくさんの火山に囲まれた地形のため、各方面の火山が噴火するたびに大量の火山灰が降り積もり、火山灰の地層である関東ローム層が形成されました。北関東地方は、浅間山、赤城山、男体山、武蔵野台地が位置する南関東地方は、富士山や箱根山などの噴火から出た火山灰が降り積もっています。

　関東ローム層は、長い間に火山灰が日光や雨風の働きで粘土質に変化して、中に含まれていた鉄が酸化されたため赤色を帯びています。立川ローム層と武蔵野ローム層は、約6万年から1万年前までの間に、数百回と繰り返された富士山の大噴火で降り積もった火山灰で形成されたことがわかっています。

答え　②

問5　3級

多摩地域の市町村についての記述で、間違っているものはどれでしょう。

①西東京市は2001（平成13）年に田無市と保谷市が合併して誕生した　②多摩市と羽村市はそれぞれ町制から単独で市制施行した　③あきる野市は1995（平成7）年に秋川市と五日市町が合併して誕生した　④八王子市は戦後の市制町村制のもとで市制施行した

解説

西東京市が誕生した時のセレモニーの様子

　西東京市は2001（平成13）年1月21日に田無市、保谷市が合併して誕生しました。多摩市は1971（昭和46）年11月1日に、羽村市は91（平成3）年11月1日に、それぞれ町制から単独で市制施行しました。あきる野市は95（平成7）年9月1日に秋川市、五日市町が合併して誕生しました。

　市制施行手続きには、地方自治法第8条第3項の規定により町村を市とする場合と、同法第7条第1項の規定により市町村を合わせて新しい市を設置する場合とがあります。多摩と羽村は町村が市となったケース、西東京とあきる野は、合併して新市となったケースです。廃置分合ともいいます。

　なお、八王子市は、17（大正6）年9月1日に、戦前の市制町村制のもとで市制施行しています。

答え　④

問 6　2級

多摩地域西部に広がる秩父多摩甲斐国立公園を水源としない河川はどれでしょう。

①荒川　②多摩川　③千曲川　④利根川

解説

　秩父多摩甲斐国立公園は埼玉、東京、山梨、長野の1都3県にまたがっています。東京側の範囲は中央線の御嶽駅や檜原村以西の西多摩郡全域がその範囲となっており、ブナ林や鍾乳洞をもつ御岳山、三頭山などは都民の森として親しまれています。この地域は大

多摩川上流の景観

河川の水源地でもあります。荒川、多摩川、笛吹川（富士川）、千曲川（信濃川）など、関東・本州中部の代表的な河川がこのエリアを水源としています。

　日本で国立公園が最初に指定されたのは1931（昭和6）年で、国立公園法で定められた公園選定のポイントは「大風景の保護」「国民の保養」「外客の誘致」です。これにもとづいて、まず34（昭和9）年には瀬戸内海、雲仙、霧島、大雪山、阿寒、日光、中部山岳、阿蘇が指定されました。

　秩父多摩甲斐が指定されたのは戦後の50（昭和25）年。当初は名所・旧跡・伝統的な探勝地、山岳などの大自然風景が選ばれていましたが、戦後になると居住地に近接したレクリエーション地も選ばれるようになりました。

答え　④

問7　2級

現在、多摩地域は30市町村に分かれていますが、西の方に面積の大きい市町村が多く、東の方は小さいことに気がつきます。いつ、このような行政区画になったのでしょうか。

①明治の大合併　②昭和初期の都市計画
③ＧＨＱの民主化政策　④昭和の大合併

解説

日本の市町村は、明治の大合併・昭和の大合併・平成の大合併の時に数が大きく減少してきました。多摩地域の市町村の大小は、昭和の大合併の時にできたものです。

1953（昭和28）年、町村合併促進法が制定され、東京都にも町村合併促進審議会が設置されました。審議会では、各町村から意見を聴取して合併計画をまとめていきました。これにもとづき南多摩と西多摩では、55（昭和30）年に八王子市が6カ村、青梅市が4カ村、58（昭和33）年には町田市が3カ村を合併するなど、区域を拡大していきました。

これに対して、北多摩ではなかなか合併案がまとまりませんでした。合併後の中心地をめぐる対立がおこり、折からの高度経済成長で人口が増えはじめたこともあって、単独で市制施行を目指していくことになったのです。

昭和の大合併の前後を比べると、南多摩は18市町村が6市町村、西多摩は21市町村が9市町村になりましたが、北多摩は23市町村が19市町村になるにとどまりました。

答え　④

問 8　3級

国分寺崖線を「ハケ」ともいいます。ここを舞台に大岡昇平が著した小説は、次のどれでしょう。
① 『武蔵野夫人』　② 『野火』　③ 『花影』　④ 『事件』

解説

　国分寺崖線は、約7万年から約1万年前の氷期に、多摩川の流れで土砂が削り取られたことによりできた浸食崖（河岸段丘崖）です。武蔵村山市三ツ木の狭山丘陵南麓から始まり、国分寺市西町5丁目、国立駅の東から国分寺駅の南を通り、三鷹市、調布市、世田谷区成城学園を経て二子玉川へと延びています。高さ20メートルの斜面地の多くは雑木林で覆われ、武蔵野の面影を残す所として親しまれています。

真姿の池湧水群

　特に有名なのは、全国名水百選に選ばれている国分寺市の「お鷹の道・真姿の池湧水群」です。

　ハケといわれるのは、崖に深く食い込んだ窪地をさし、「峡」という字をあてることが多いことからきています。また斜面地で水がはける場所なので「はけ」といわれるとの説もあります。

　『武蔵野夫人』は大岡昇平が1948（昭和23）年に執筆し、50年に発表しました。物語は、主人公「道子」と第2次世界大戦後、復員してきた従兄弟「勉」との間の悲劇的な恋愛を描いたもので、「恋ケ窪」を一躍有名にしました。戦後を代表するベストセラーで、映画化されました。

答え　①

問9　3級

米軍横田基地に隣接する自治体の数は、いくつあるでしょう。
　①5市1町　②2市1町　③4市1町　④3市1町

解説

　米軍横田基地は、多摩地域西部にある在日米空軍の基地で、日本の公的資料では「横田飛行場」と呼ばれています。

　1940（昭和15）年に多摩飛行場が建設され、太平洋戦争中には陸軍の航空機試験場（陸軍航空審査部）として利用されていました。敗戦後の45（昭和20）年9月4日にアメリカ軍に接収され、その後、基地の拡張により、60（昭和35）年頃には、おおむね現在の規模となりました。

空から見た米軍横田基地

　朝鮮戦争当時は、B-29爆撃機の出撃基地となり、ベトナム戦争時も補給拠点として使われてきましたが、71（昭和46）年以降は、戦闘部隊が沖縄に移転したことにより、現在は輸送中継基地として機能しています。

　この基地は、青梅線、西武線拝島駅の北側、八高線東福生駅の東側に位置し、立川市、昭島市、福生市、武蔵村山市、羽村市、瑞穂町の5市1町にまたがっています。

答え　①

問10 3級

貫井神社（小金井市）や深大寺（調布市）などをつなぎ、ほぼ東西に帯状にのびる崖（がけ）はなんと呼ばれますか？
　①府中崖線（がいせん）　②立川断層　③国分寺崖線　④中央構造線

解説

　武蔵野台地の地層は、黒土の下に関東ローム層、その下は武蔵野礫層（れき）という、川が堆積（たい）させた砂や石ころの層です。この礫層を構成する岩石から、武蔵野台地

現在の国分寺崖線

は、関東山地に水源を持つ古い多摩川が堆積させた扇状地であることがわかっています。

　10万年前に始まり、5万年前と2万年前に最も寒冷な時期を迎えた氷河期に、地球の水は極地方の氷床の形で貯えられ、全世界で海水面は現在より100メートル以上も低下していました。この低い海水面に向かって多摩川が台地を浸食する過程で次第に形成されたのが、段丘といわれる、ほぼ平らな台地やハケと呼ばれる崖線です。

　武蔵野台地（段丘）とJR立川駅や京王線府中駅などがある立川段丘を分ける崖線を「国分寺崖線」、立川段丘と多摩川低地を分ける崖線を「府中崖線」といいます。立川段丘の東に下がるこう配は武蔵野段丘よりも急で、立川段丘面を多摩川が流れていた時代、最終氷期で最寒冷期の海水面の低さを物語るものといえます。

答え　③

問11 2級

万葉集の「赤駒を　山野に放(はか)し　捕りかにて　多摩の横山　徒歩(かしゃ)ゆか遺らむ」に関連した以下の項目で間違っているのはどれでしょう。

①武蔵国の時代に西に向かう防人を歌ったもの
②多摩の横山は東に向かうに連れて険しさをますとの意味が込められている
③万葉集にはこの他にも『多摩』を詠んだ歌がある
④歌の意味は「赤駒を山野に放牧したが捕えられず、夫に多摩の横山を歩かせてしまうのだろうか」であると言われる

解説

　この歌は万葉の時代に武蔵国から西に向かった防人を歌ったもので、「多摩の横山」と詠まれた場所は、現在の「多摩丘陵」をさします。

　多摩丘陵は多摩川の右岸に広がり、北側の武蔵野台地、南側の相模野台地に挟まれたなだらかな丘陵です。北西側は多摩川と支流の浅川に区切られ、南側は境川、鶴見川、東側は登戸と溝口の中間あたりまで続きます。多摩丘陵は西側から東側に向かって徐々に低くなり、尾根上の高度は、西端で最高約230メートル、東端で約90メートルです。

　武蔵国から九州へ向かう防人たちは、いったん国府（現・府中市）に集められ、そこから多摩川を渡り、この多摩丘陵を歩いて任地に向かいました。

　この歌は防人に召集された夫を送り出した妻の歌といわれ、赤駒を山野に放牧したままで捕らえることができず、そのまま家族と別れて歩いて九州の地へ向かうことになった防人とその妻の悲哀が伝

わってきます。

　万葉集には、この他にも「多摩川にさらす手作りさらさらに　何そこの児の　ここだ愛しき」が詠まれています。

答え　②

府中市郷土の森博物館の園内にある万葉歌碑

問 12　3級

小平霊園内のさいかち窪を水源とし、東久留米市から新座市、朝霞市を流れる荒川水系の河川は次のうちどれでしょう。

①落合川　②石神井川　③黒目川　④柳瀬川

解説

新青梅街道沿いの小平霊園の一角に、雑木林に囲まれた窪地があります。ここがさいかち窪で、黒目川の水源の1つです。さいかち窪は、台風や梅雨など雨の多い時期に湧き水が池を造ります。2008年9月には美しい光景が見られました。

少し下流には「東京の名湧水57選」に選ばれた、こちらも水源地である「黒目川天神社」があります。周囲の屋敷林や社寺林と併せ、参拝者や散策する人々にやすらぎを提供してくれます。

さいかち窪

黒目川は東久留米市の北部を西から東に流れ、落合川と合流して埼玉県に入ります。黒目川沿いには、この他、遊歩道や親水公園も整備されており、市民の憩いの場となっています。長編アニメ『河童のクゥと夏休み』は、黒目川を舞台にしています。

答え　③

問13 3級

扇状に広がる武蔵野台地を形成した主な要因はどれでしょう。
①富士山噴火の火山灰　②地盤沈下
③多摩川の流路跡　④新田開発

解説

武蔵野台地は、多摩川と荒川に挟まれた地域に広がる台地です。東京都の特別区の西半分と北多摩地域、西多摩郡の一部、さらに埼玉県南部も含んでいます。

かつての多摩川は、青梅市付近を扇頂部にして、たびたび流路を変え、

草花丘陵から見た現在の武蔵野台地

侵食と堆積を繰り返しながら扇状に広がる武蔵野台地を形成しました。つまり武蔵野台地は、かつての多摩川の跡で、河川の沿岸に沿ってつくられた階段状の地形（段丘）の集まりといえます。

地形は、年代の古い面から、下末吉面、武蔵野面、立川面の各段丘面に分かれていて、武蔵野面が台地の大部分を占めています。

台地の表面は関東ローム層に厚く覆われていますが、台地全体としては、表土の下にある砂礫層が主体のため地下水が浸透しやすく、地下水面が低くなっています。そのため農地になりにくく、武蔵野の開発を遅らせる原因となりました。

答え　③

問14　3級

東京で唯一「日本の滝百選」に選ばれている檜原村にある滝の名前はどれでしょう。
①養沢の滝　②百尋の滝　③三ツ釜の滝　④払沢の滝

解説

　払沢の滝は北秋川支流にあり、「日本の滝百選」に選ばれている檜原村最大の観光名所です。4段の滝で、全長60メートル、奥行き約50メートルの規模を誇ります。かつては、仏具の払子に形が似ていることから「払子の滝」と呼ばれていました。

　滝壺の近くから見上げる最下段の滝（26メートル）は一の滝と呼ばれ、壺には大蛇が棲むという神秘的な言い伝えも残っています。

　檜原村では毎年8月に滝を幻想的な演出でライトアップする「払沢の滝ふるさと夏まつり」が催され、檜原太鼓などの郷土芸能も披露され、大勢の観光客で賑わいます。

　また、毎年冬には、払沢の滝の最大結氷日を予想する「氷瀑クイズ」が実施され、2008（平成20）年は6,540通の応募がありました。

答え　④

厳冬期に結氷する払沢の滝

問 15　3級

高尾登山電鉄高尾山駅から高尾山薬王院に向かう参道の杉並木にある名物の杉は、何と呼ばれているでしょう。

①たこ杉　②高尾杉　③一本杉　④縄文杉

解説

サル園を過ぎたすぐ左手に、奇妙な形の根を持つ杉の大木があります。

まだ参道が整備されていなかった頃、山に住む天狗たちが参拝に訪れる人々のために道をつくり始めます。ところが途中で大きな杉の木の根が邪魔をしていました。明日はこの杉を引き抜こうと相談し、天狗たちは帰りました。すると、この杉は、一晩のうちに根をくるくるとタコの足のように丸め、邪魔にならないようになっていました、という伝説が残されています。

高尾山のたこ杉

現在は八王子市の天然記念物に指定され「高尾たこスギ」と呼ばれています。2008（平成20）年現在、高さ約24.5メートル、目通り約3.9メートルの大木です。

また、この杉並木のうち、二股に分かれた参道が合流した所から、薬王院境内入り口にあたる四天王門までの間が「高尾山のスギ並木」として、都の天然記念物に指定されています。

答え　①

問16　2級

狭山丘陵の瑞穂町箱根ケ崎にある狭山池を水源とし、南東方向に蛇行、立川市一番町で玉川上水と交差して、立日橋付近で多摩川と合流する河川の名前は何でしょう。

①根川　②残堀川　③矢川　④府中用水

解説

　残堀川は、延長14.5キロメートル、流域面積34.7平方キロメートルの多摩川水系の一級河川です。古くは狭山丘陵の小河川の水を集めて南東に流れ、矢川に注いでいたと考えられています。

　狭山丘陵西端付近にある狭山池（西多摩郡瑞穂町箱根ケ崎）付近に源を発し、立川断層に沿って南東に流れ、武蔵村山市の旧日産村山工場の敷地に突きあたってから南に流れを変えます。ここから下流は人工の流路となり、立川市一番町付近で玉川上水を越え、国営昭和記念公園の西側に沿って昭島市に入ります。その後、同公園の敷地に入り、再び立川市内を流れ、多摩川に合流します。

　近年、氾濫対策や、夏期になると水流が枯れる「瀬切れ」対策などのため、河川改修工事がたびたび行われてきました。最近では四季折々の風景を楽しむウオーキングなどのイベントも開催され、市民にとって身近な川に戻りつつあるようです。

　　　　答え　②

狭山池

問 17　3級

ハンセン病の正しい知識の普及と啓発を目的とした「国立ハンセン病資料館」があるのはどこでしょう。
　　①瑞穂町　②国立市　③東村山市　④府中市

解説

東村山市には全国に13ヵ所ある国立のハンセン病療養所の1つ、多磨全生園があります。かつてハンセン病の患者は社会から排除され、国の強制隔離政策によって療養所に収容されました。

国立ハンセン病資料館の外観＝同資料館提供

戦後、化学療法の登場で患者たちの病気は完治しましたが、数十年もの間、隔離状態に置かれ続けたため、社会での生活基盤を失い、家族や故郷との縁が切れてしまいました。社会の偏見、差別もなくならず、そのため療養所に居続けることを余儀なくされています。

1993（平成5）年、回復者は自らの手で、同園の隣に高松宮記念ハンセン病資料館をつくりました。社会に同じ過ちがくり返されないことと、自分たちが生き抜いてきた証を残すことが目的でした。2007（平成19）年、国の誤った政策の補償（名誉回復）として同資料館の拡充が図られ、国立ハンセン病資料館としてリニューアルオープンしました。今後はハンセン病問題基本法や、周囲の「人権の森構想」とも連動しながら、回復者と社会とをつなぐ役割が重要になると考えられます。

　　　　　　　　　　　　　　　　　　　　　　　　答え　③

問18　3級

「多摩センター」と名のつく駅は3つありますが、最初にできたのはどの駅でしょう。
①京王多摩センター駅　②小田急多摩センター駅　③多摩都市モノレールの多摩センター駅　④京王と小田急が同時に開業

解説

　多摩ニュータウン開発と並行して、京王帝都電鉄（現・京王電鉄）と小田急電鉄の2社に鉄道事業免許が交付されていましたが、用地買収などが難航し、その開業は多摩市で第1次入居が始まった1971（昭和46）年に間に合いませんでした。

　74（昭和49）年10月18日の京王相模原線開通で京王多摩センター駅がようやく開業し、翌年の75（昭和50）年4月23日には小田急多摩センター駅も開業。それまでの「陸の孤島」から多摩ニュータウンの交通利便は飛躍的に向上しました。多摩都市モノレールの多摩センター駅開業は2000（平成12）年1月10日です。

答え　①

京王多摩センター駅

問 19　3級

2007（平成19）年データによる、京王線の多摩地域の駅の中で、1日の平均乗降客が最も多い駅はどこでしょうか。
　　①吉祥寺駅　②京王八王子駅　③調布駅　④府中駅

解説

　京王線は、大きく分けて京王線（新宿〜京王八王子）、井の頭線（渋谷〜吉祥寺）の2つの路線があります。京王線は明大前駅で井の頭線と交差し、調布駅から先は相模原線（調布〜橋本）に分岐します。京王線の終

京王井の頭線吉祥寺駅

点は「京王八王子駅」ですが、1つ手前の北野駅からは高尾山口駅を終点とする高尾線に分岐します。そのほか、東府中駅から府中競馬正門前駅までの「競馬場線」、高幡不動駅から多摩動物公園駅までの「動物園線」と1駅だけの支線が走っています。

　1日平均の乗降客数は、新宿駅74万7407人、渋谷駅34万3697人と、この2駅だけで1日100万人を超えるというのですから驚きです。それに次ぐ第3位が吉祥寺駅です。記載の各駅の乗降者数は吉祥寺駅（14万7424人）、調布駅（11万4647人）、府中駅（8万9113人）、京王八王子駅（5万9745人）。

　ちなみに、1日平均の乗降客数が最も少ないのは、府中競馬正門前駅で3619人。東京競馬場の最寄り駅として競馬開催日には賑わいますが、それ以外の平日は閑散としています。

答え　①

問20 2級

子供たちに、環境教育や自然環境活動の支援を行う「水辺の楽校(がっこう)」全国第一号はどこでしょう。

①狛江水辺の楽校　②あきしま水辺の楽校
③福生水辺の楽校　④八王子浅川子供の水辺

解説

　国土交通省水辺の楽校事業の全国第一号は狛江水辺の楽校です。水辺の楽校事業は、小・中学校の総合学習の時間などを背景に、川を身近な自然教育の場として活用し、川を核にした地域社会の中で心身共にたくましい子供に育てていこうという趣旨です。環境教育や自然環境活動を実施・支援するもので、全国に200ヵ所以上が認定を受けています。

川を自然教育の場として活用する
狛江水辺の楽校

　狛江水辺の楽校は、四季を通して豊かな自然を誇り、市民の憩いの場でもある多摩川に2001（平成13）年に開校されました。

　オニヤンマやギンヤンマのヤゴが見られる「ヤンマ池」、130万年前の貝やカニなどの化石が見られる「化石島」、野鳥が見られる森「コゲラ村」をはじめ、子供たちがメダカを育てる「メダカの楽校」や小川から流れ込むきれいな水が湧き出る箇所もあります。年間5000人以上が楽しみながら学習しています。

答え　①

100メートルプールで水泳全国大会開催

　1921（大正10）年8月1日、調布町（現・調布市）上石原地先の多摩川堤防内に東京府の公衆水泳場（プール）が完成しました。

　このプールは、幅15間（約25メートル）、長さ60間（約100メートル）、深さは川の上流6尺（約180センチ）、下流は3尺（約90センチ）で、川底には玉石が敷き詰められていました。両岸には数棟の休憩所も設置されました。22（大正11）年に改修されてコンクリート造りとなり、深さも7尺（約210センチ）に統一されました。

　プールの改修後、ここで第1回全国女子競泳選手権、全日本少年水泳大会、第2回全国各大学専門学校対抗競泳大会、第7回全日本選手権競泳大会など各種の競技会が開かれました。京王線上石原駅（現・西調布駅）からプールまでの田んぼ道には各新聞社の旗が立ち並び、電車が着く度に観衆の列が続いたそうです。

　プールができて、地元で水泳部の合宿も行われるようになりました。国領の常性寺を早稲田大学、多摩川玉華楼を明治大学、上石原の中村家を慶応大学が合宿所としました。31（昭和6）年、神宮外苑にプールが完成すると、競技会はそのプールで開かれるようになりました。

玉川上水開削工事、2度の失敗

「みずくらいど」の冬景色

　玉川上水は約350年前の1653（承応2）年、江戸幕府が江戸町民の飲料水の確保を目的として、多摩川の水を取り入れて開削した上水です。羽村の取水口から四谷大木戸まで、その距離は約43キロメートルにおよびます。江戸時代の貴重な土木遺産として、2003（平成15）年には国の史跡に指定されました。

　玉川上水の開削については謎が多く、詳しいことはわかっていません。それは、開削当時の資料が発見されていないからです。

　上水が完成してから149年後の1803（享和3）年、八王子千人同心の小島文平によって書かれた『玉川上水起元并野火止村引取分水口之訳書』という書物の中に、興味深いことが書かれていました。

　これによると玉川上水は2度にわたる工事の失敗のあと、3度目の工事で完成したというのです。最初は現在の国立市青柳付近から掘り始めて失敗し、次は福生から掘り始めて失敗したと記されています。福生での失敗は、上水に水を流したら熊川村（現・福生市熊川）で水が地中に吸い込まれてしまったといわれています。このことから水喰土（みずくらいど）の名が誕生しました。熊川を流れる玉川上水に五丁橋という橋が架かっています。この橋の下流約100メートル地点から古い堀跡が遺されています。これが「みずくらいど」といわれる開削時の堀跡です。福生からの取水については不明ですが、失敗に関しては、この「みずくらいど」の古堀のことを示しているのでしょう。

　玉川上水は、「みずくらいど」で通水に失敗したため、現在の流路に掘りかえられ、旧水路はそのまま廃棄されたのでしょう。熊川にある旧家の江戸時代の古文書には、「ほりかいち」「水喰所」「水喰戸」といった地名の記述が見られます。

将軍家や大名家に贈った御用鮎

江戸時代、将軍の御菜肴(おさいさかな)として、多摩川で捕獲した鮎を、江戸城に上納する役目（御用）が、福生村や熊川村をはじめとして、特定の村々に命じられていました。その起源は明らかではありませんが、江戸時代の初めころには行われていたと考えられています。

アユを入れたかご

鮎は将軍家だけでなく、多摩川の沿岸の村々を領地に持つ大名家や旗本などへの贈答品としても用いられました。御用鮎には秋に産卵のために多摩川を下る落ち鮎（子持ち鮎）が用いられていました。

毎年秋になると、幕府の役人が多摩川に出張してきます。村々の中から選ばれた世話役は、役人を補佐して鮎を集めました。

御用鮎は大きさが決められており、また卵を持った新鮮な鮎が条件であったため、村々では鮎集めに大変苦労しました。御用鮎の定数は、1837（天保8）年以降、神奈川県の道志川とあわせて2600尾となっています。

多摩川の羽村から砂利を運んだ
軽便鉄道廃線跡のトンネル群

　武蔵村山市の野山北公園自転車道を行くと、狭山丘陵にかかる所にトンネル群があります。電車や自動車が通るには小さなトンネルです。いったい何に使われたトンネルでしょうか。

　これは昭和の初め、山口貯水池（狭山湖）を建設するにあたり、工事用の砂利を運ぶために敷設された工事用軽便鉄道の軌道に作られたトンネルです。多摩川の羽村取水口付近から村山村（現・武蔵村山市）を通り、山口貯水池堰堤（埼玉県所沢市）まで約12.6キロにわたって敷設されていた軌道は線路幅が609ミリという小さなもので、ガソリン機関車やディーゼル機関車がトロッコをけん引していました。現在の野山北公園サイクリングロードは、その軌道跡を利用したものです。

　ここは、鉄道廃線跡のトンネルを直接歩くことができる東京都内でも数少ない場所です。自転車道に残るトンネル群を通って、その狭さと鉄道特有の緩やかなカーブを体験してみてください。

1931(昭和6)年ごろの横田1号隧道(現・横田トンネル西側入口)での写真＝武蔵村山市教育委員会提供

深井戸27本で水道水を汲み上げる

　武蔵野市の水道は、昭島市、羽村市と並んで、現在も市の単独事業として行っています。

　武蔵野市の水道水は、市内にある27本の深井戸からの地下水が70％、残りの30％を東京都からの分水で補っています。

　深井戸の口径は300ミリで、深度250メートルから年間約1340万立方を取水しています。およそ40万年前ごろにたい積した舎人(とねり)層と70万年前ごろにたい積した東久留米層という砂・砂礫層を主体とした地層の帯水層(たいすい)の水を汲み上げています。

　この深井戸からの地下水は水質がよいため、水道法の定める消毒をするだけで水道水としての基準を満たしています。また年間を通じて水温が一定の約18度で、夏冷たく、冬暖かく感じるので、市民からもおいしい水道水と言われています。

武蔵野市吉祥寺北町にある第1浄水場配水池

ENJOY&HISTORY

100年以上前の行政区域を留めている檜原村
田無市は合併して境界消滅

　1888（明治21）年制定の市制・町村制の施行により、従来の自然村や字（あざ）は、合併で近代の地方制度の市町村へと行政区域を拡げてきました。

　ところが多摩地域には100年以上の時を経た今なお、この市制・町村制施行前からの区域をほぼ留めている行政区があります。それは檜原村です。檜原村は市制・町村制の施行以前から檜原村と称し、字名も変わっていません。現在も下元郷（しももとごう）、上元郷（かみもとごう）、本宿（もとしゅく）、南郷（なんごう）、人里（へんぼり）、数馬（かずま）、三都郷（みつごう）、神戸（かのと）、小沢（おざわ）、樋里（ひざと）、藤原（ふじわら）、倉掛（くらかけ）、大嶽（おおだけ）の13の字があります。

　保谷市と合併する前の田無市は、2001（平成13）年まで、市制・町村制施行前からの区域を留めていましたが、合併して西東京市となったことで従来の境界が消滅しました。

桜が美しい檜原村人里のバス停

野火止用水に清流復活！

　野火止用水は、1655（承応4）年に玉川上水の分水としてつくられた用水路です。長さは、小平市の分水地点から埼玉県志木市の新河岸川まで約20キロ。玉川上水を完成させた川越藩主松平信綱と家臣安松金右衛門が、周辺農民数百人の力を借りて約40日間で掘り通したといわれています。

　野火止用水は川越藩専用の用水だったので、玉川上水のように分水をもたず、通過する村々はその水を利用できませんでした。そのせいか、今の東大和市の流域にも昭和の初めごろまでは人家がありませんでした。

　昭和30年代に入り、野火止用水沿いの都市化が進んで水質が悪化したことや、都内の人口増加に伴い、1973（昭和48）年に玉川上水からの分水が停止され、空堀になりました。

　しかし、野火止用水をよみがえらせようという地域住民の声が高まり、74（昭和49）年、東京都は隣接する樹林地を含めて「野火止用水歴史環境保全地域」に指定し、下水の高度処理水を活用した「清流復活事業」を行い、84（昭和59）年に流れがよみがえりました。

狭山丘陵の緑が守られている訳

　『となりのトトロ』のモチーフになっている狭山丘陵は、都心に近く、豊かな緑が今も残されています。丘陵の中心部にある多摩湖・狭山湖の水源保護林となっていることも理由の1つですが、ここに一時、住宅開発計画が浮上しました。

　1970（昭和45）年、日本住宅公団（当時）が狭山丘陵に1000戸の団地建設を東大和市に打診しました。市と市民が一体となって東京都に緑の保全を訴えた結果、都が用地を買収し、緑地として保全することになりました。その舞台が、都内初の丘陵地公園として79（昭和54）年に開園した都立東大和公園です。

　この動きに続いて、市は緑地を保全活用するために雑木林の借り上げを開始し、85（昭和60）年、市立狭山緑地を開園しました。原生林とは違う、住民の暮らしとともに育ってきたこの雑木林の姿を受け継いでいこうと、市民ボランティアが保全に取り組んでいます。

土木遺産や親水景観の評価が高い
多摩湖の湖底には161戸の水没集落があった！

　多摩湖（村山貯水池）は1916（大正5）年に着工しましたが、途中、第1次世界大戦の影響による資材、労力不足もあって、27（昭和2）年の完成まで10年以上かかりました。当時はセメントが高価であったため、一般的に多く採用されていた土砂で堤体を盛り上げる心壁式のアースフィルダムとして建設されました。

　建設当時、ここは狭山丘陵に流れる宅部川（やけべ）の谷で、その谷に沿って161戸の住宅と田畑がある集落でした。貧しい生活だった人々は、突然持ち上がった貯水池建設計画に対して、土地の買収や移転料を期待したようですが、予想に反して買収価格が低かったことから、一転して反対の動きが起こりました。

　しかし、深刻化する東京の水事情を解決するために貯水池の建設は不可欠だったので、住民の抵抗もむなしく買収は進められました。

　最後まで買収に反対した人たちの住居付近は地形的に高台で、多摩湖が完成した後も水位が下がると、水面に平たい浮島のように姿を現すので、人々はこれを「強情島（ごうじょうじま）」と呼びました。

　導水管工事のために水を抜いた76（昭和51）年に市民参加で行われた「多摩湖遺跡群発掘調査」では、古代の遺物とともに湖底に沈んだ集落跡が発見されました。また、98（平成10）年から2009（平成21）年にかけて行われた堤体強化工事の際にも、旧住民、親族を対象とした湖底見学会が行わ

れ、昔をしのぶ機会となりました。

多摩湖完成当時の東京市長牛塚虎太郎は、多摩湖を桜の名所にしようと私財1万円を投じて堰堤周辺や道路沿いに桜の苗木を植えました。また、服部時計店を設立した服部金太郎翁の遺族が桜の苗木を1万本寄贈して下貯水池の湖畔に植えました。これに呼応するように相次いで多摩湖へ通じる鉄道が開通し、都民の行楽地となったのでした。

多摩湖は、土木遺産としても貴重な施設です。(社)土木学会は、2007(平成19)年度の土木学会選奨土木遺産に、狭山湖を含めた「村山・山口貯水池」を選定しました。授賞理由は水道アースダムとしては3基いずれも当時最大規模であり、管理橋の吊橋は珍しく、親水景観としても優れていることを挙げています。

また、下貯水池の第1取水塔は、ネオ・ルネッサンス様式の、レンガ造りの円筒形の建屋に丸いドーム状の屋根で、日本で最も美しい取水塔といわれています。(社)土木学会は、この取水塔を含めた村山貯水池を、日本の近代土木遺産―現存する重要な土木構造物2000選に選定しています。

(財)ダム水源地環境整備センターは、05(平成17)年に多摩湖を「ダム湖百選」に認定しました。全国に約2800あるダム湖(高さ15メートル以上のもの)のうち、ダム湖の所在する市町村長から推薦のあった165について、好ましい景観、歴史的な価値などさまざまな観点から評価した結果、現在65のダム湖が認定されています。その中には奥多摩湖(小河内ダム)も含まれています。

村山下貯水池の取水塔
＝東京都水道局提供

多摩川を舟で渡ったバス

　国道16号の拝島橋（昭島市拝島町）。かつて、ここには多摩川を渡る「拝島の渡し」がありました。昭和10年代、路線バスが渡しの舟に乗せられて多摩川を渡っていました。

　「私は、こだま屋さんに頼まれて（船頭を）長くやりました。舟は30人くらい乗れました。料金は徒歩3銭、自転車5銭、牛車10銭、馬力25銭。これは拝島橋の開通の前です。村の人は何回乗っても無料です。いつでもお客があれば渡しました。暗くなっての料金は私共の一存でした。1936（昭和11）年頃でしたか、多摩湖鉄道がバス（小型）を乗せて舟で渡し、八王子へバスが開通したのです」。これは、「拝島の渡し」の最後の船頭さんだった高橋茂吉さんの昔話です。

　多摩湖鉄道は現在の西武多摩湖線を敷設した鉄道会社で、一時期、バス事業も展開していました。「拝島の渡し」を渡ったバス路線は、1938（昭和13）年には川越－八王子間を結んでおり、多摩湖バスは、バス用の台船に乗って多摩川を渡ったのでした。

「渡し」に乗ったバス

ENJOY&HISTORY

時代とともに顔を変える拝島駅

　平成19年にオープンした「エキナカ」や、長さ100メートルの自由通路が誕生した拝島駅は、乗降客数では立川駅などには及ばないものの、ちょっとした存在感のある駅です。

　まずは、その歴史の古さ。今から115年前の1894（明治27）年11月19日、石灰石の運搬を主目的として開業した青梅鉄道（現・JR青梅線）の停車場として誕生しました。ここに駅ができたのは、玉川上水の拝島分水があったことが大きな要因です。いまも駅構内に水路が流れています。

五日市線の起点を標示していた拝島駅

　次に、乗り入れている鉄道の多さです。最初に乗り入れたのは、同じく石灰石運搬を目的に1925（大正14）年4月に開業した五日市鉄道（現・JR五日市線）。五日市鉄道は後に立川まで延伸しましたが、戦時中に廃線となりました。この廃線跡はいま、「五鉄通り」の名前が付いた道路となっています。

　1931（昭和6）年12月に乗り入れたJR八高線は、西多摩初の国有鉄道の路線です。いわば、私鉄の拝島駅に国鉄が乗り入れたわけです。青梅線、五日市線が国有化（1944年4月）された後の1968（昭和43）年5月、西武拝島線が開通し、拝島駅には4路線が乗り入れ、一大ターミナルとなりました。

ENJOY&HISTORY

ブルーベリー、多摩川梨、ブドウ、リンゴ
「果樹の里」日野

　かつては農業地帯だった日野。今でもおいしい果物が作られている「果樹の里」です。盛夏時の「ブルーベリー」は日野のおすすめ。市内には摘み取りができる農園が15ヵ所あります。摘みたては、生食はもちろん、ジャムにしてもおいしく、例年7月中旬から8月いっぱいまでが摘み取りの最盛期です。また、この日野産ブルーベリーを使用した発泡酒「ブルーベリーエール」も人気です。

　「多摩川梨」は昔から盛んに栽培されています。日野では味も収穫期も違う「長十郎」「二十世紀」「幸水」「豊水」「菊水」「稲城」、大きな「新高」が栽培されています。通常は8月中旬から11月に味わえます。梨狩りはできませんが、シーズンには直営所の店頭に並びます。

　「ブドウ」は贈答品としても人気です。主力種は「高尾」で、東京生まれのブドウです。種無しで、やや細長い形が特徴です。15軒の農家で栽培されており、8月下旬から9月中旬が収穫時期です。

　「リンゴ」は都内でも珍しいもぎ取りができます。多摩市と隣接する万蔵院台地の農地では5軒の農家が栽培をしており、共同でリンゴ狩りを開催しています。10月には「陽光」を、11月は「富士」を中心に、赤く熟したリンゴが楽しめます。

ENJOY&HISTORY

洪水免れ、ウナギを食べない

　多摩川右岸に面した日野市栄町。この一部に、昔から四谷と呼ばれている地域があります。水に恵まれて、大昔から人が住みついていたといわれています。ここに、今でもウナギを食べない習慣があります。その原因となったのは、言い伝えによると――。

　ある年、多摩川が増水して、堤防が危なくなり、村人は、土のうを積んで見張っていました。水かさは収まるどころか、堤防決壊の危険度は高まるばかりで、いよいよ土手に穴があき、水が漏れ始めました。

　村人は必死に穴を埋めようとしますが、増水にはかないません。

　その時、どこからともなくウナギの大群がやってきて、穴へぎっしり入り込んで行きました。水かさが減るまで穴を塞いで土手を守りました。

　村人たちは、鎮守の虚空蔵菩薩がウナギに命じて四谷の人々を助けてくれたのだと語り合いました。

　この出来事以来、四谷の人々にはウナギを食べる習慣がありません。四谷にあった仏像を安置している日野宮神社の虚空蔵菩薩の両袖はウナギにそっくりだそうです。

小平市はブルーベリー栽培の発祥地
シンボルマーク「ぶるべー」登場

　小平市は、ブルーベリー栽培の発祥地です。

　1968（昭和43）年、日本で初めて作物用に栽培されたものです。75（昭和50）年以降、大手メーカーのブルーベリージャムの商品化に端を発して栽培希望が高まり、小平から各地に苗が送り届けられました。2008（平成20）年現在、小平市のブルーベリーの年間出荷量は20トンです。

　これを広くＰＲするために武蔵野美術大学と連携して、06（平成18）年8月、シンボルマークを作成しました。

　このマークは、小平産ブルーベリーのＰＲに活用しています。より親しまれるようにと愛称を付けることになり、08（平成20）年、市報やホームページで公募したところ、279通の応募がありました。

シンボルマークの「ぶるべー」

　応募の中から市内在住の方の「ぶるべー」に決定しました。

　「ぶるべー」の愛称は、「ブルーベリー」と小平の「平」を掛け合わせて「ブル平」になったものを、さらに捻ってうまれました。

COLUMN

ススキの原と雑木林が広がる昔の武蔵野
谷戸田や湿地を残す住民管理に期待

八王子自然友の会　菱山忠三郎

武蔵野は月の入るべき峯もなし

　　尾花が末にかかる白雲

　　　大納言通方

　『続古今和歌集』のこの歌に詠まれているように、古くには武蔵野は尾花（ススキ）を主とした草原が広がっていたと思われる。
　ススキの原は本来、常緑広葉樹林などを伐り払ったあとに生えたもので、その後、そこに人々の住居ができ、ある場所は耕地に、また、ある場所は江戸の人々の燃料となったりする雑木林になっていった。独歩や蘆花の愛した雑木林は江戸時代からのものであろう。
　この雑木林は野草や小動物の宝庫であったが、土地開発が進み、武蔵野の平地、丘陵地の雑木林はどんどん少なくなってしまった。
　私は、多摩ニュータウンの造成前、昭和40年代前半、この地の植物を記録しておこうとやみくもに周辺を歩いた。丘陵の先の谷戸が入りくんだところにはそれぞれ谷戸田があり、その奥にはきっと灌漑用の池、湿地があった。池にはジュンサイ、ヒツジグサが浮き、湿原にはトキソウが咲

き、モウセンゴケ、ムラサキミミカキグサ、タヌキモなどの食中植物もあった。まわりの雑木林のふちにはウメバチソウ、オキナグサなども咲いた。

　このような様子はこの地域では完全に見られなくなったが、それでもやや手入れが悪くなったとはいえ、丘陵地や山地にかけては動植物の生きる場所といえる雑木林は残されているところがある。また、新しい住宅団地などで、残されたまわりの雑木林を住民みなで適正な管理をして本来の姿を残そうとする試みをしているところも多い。人々が楽しめ、植物や小動物が生き生きとできる、そんな所にしてほしいと期待は大きい。

雪の雑木林＝菱山忠三郎氏撮影

地域情報誌『多摩ら・び』

　映画監督の宮崎駿さんは「半径3メートルで仕事をする」(テレビ番組「プロフェッショナル仕事の流儀」2008年8月5日放映)という信念を大切にしているそうです。子どもも大人も楽しめ、世界的評価が高い監督のアニメ映画も、近所のバス停や知り合いのお嬢さんをヒントに描いているということです。面白いネタが身近なところに溢れているということでしょう。

　多摩地域には、"自分のまち"を改めて歩いてみたくなる楽しい本があります。多摩地域30市町村の食、買い物情報、さらには郷土の歴史や自然、暮らす人々などを紹介する大人向けの地域情報誌『多摩ら・び』です。本誌は、大人のライフスタイルを応援する会員制のサークル「多摩らいふ倶楽部」の会報誌でもあります。

　「多摩に生きる大人の暮らしを再発見する」をテーマに1997年6月に創刊し、現在では毎号24,000部を発行しています。2007年10月からは誌面づくりに公募により集まった市民が参加しています。『多摩ら・び』は、多摩地域の書店で購入(定価：500円税込)することができます。

『多摩ら・び』(企画：多摩信用金庫／発行所：株式会社多摩情報メディア多摩らいふ倶楽部事務局／編集・発売：株式会社けやき出版)

お問い合わせ
多摩らいふ倶楽部事務局
　(企画：多摩信用金庫／運営：株式会社多摩情報メディア)
　　東京都立川市曙町2-38-5　立川ビジネスセンタービル7F
　　TEL　042－526－7777(平日9:00～16:00)
　　　　　　　　　　　※電話番号はお間違いのないようにお願いします
　　http://www.tamalife.co.jp

模擬問題と解説

歴史と遺産

問21　3級

奈良時代から鎌倉時代ごろまで、武蔵国の国府が置かれていた場所は、次のうちのどこでしょうか。

①国分寺市　②調布市　③府中市　④八王子市

解説

武蔵国の国衙（こくが＝国府の中心施設）跡

今からおよそ1300年前、奈良の都を中心に律令国家が誕生すると、約60に分けられたそれぞれの国には国府が置かれ、その地方の政治・経済の中心となりました。今の東京都（隅田川以東と島しょ部を除く）、埼玉県のほぼ全域と、横浜市、川崎市の大部分は武蔵国とされ、国府は多摩郡（現在の多摩地域の原型です）の府中に置かれたのです。

府中は、これに先立って造られた大きな道路と多摩川が交差する地点でした。それに加えて、最近の古墳の発掘でわかってきたように、近くに力のある豪族がいたらしいことが国府を置いた理由としてあげられています。府中という地名も国府にちなんで付けられたものです。

最近、大國魂神社わきの国府の遺跡の一部が整備され、府中市郷土の森博物館では国府に関する展示が見学できます。

答え　③

問 22　3級

現在の多摩地域の原型にあたるのが武蔵国ですが、ここに所属していなかったところは、どこでしょう。
①現在の相模原市　②現在の隅田川以東と島しょを除く東京都
③現在の横浜市と川崎市の大部分　④現在の埼玉県のほぼ全域

解説

6世紀に大和政権の専制化が進められ、その後、蘇我氏による政治や大化の改新、壬申の乱などを経た7世紀末に律令国家が成立し、60余の国に編成された中の1つとして武蔵国は誕生しました。

国指定史跡の武蔵国分寺跡

武蔵国は、現在の埼玉県のほぼ全域、隅田川以東と島しょ部を除く東京都と、川崎市と横浜市の大部分を占めていました。21郡からなり、このときの武蔵国多摩郡が現在の多摩地域の原型にあたります。

国を治める役所の地は国府と呼ばれ、武蔵国府は現在の府中市に置かれていました。多摩郡は国府のある郡として武蔵国の政治や文化の中心となりました。

8世紀半ば、聖武天皇は仏教の鎮護国家の思想に頼り、国分寺建立の 詔 を出し、国ごとに国分寺と国分尼寺を建てることを命じました。武蔵国分寺は、現在の国分寺市に建てられ、七重塔がそびえる全国最大級の規模を誇りました。

答え　①

問23　3級

平安時代中期、坂東諸国の国府を占領して朝廷に対抗した「新皇」は誰でしょう。

①平将門　②平貞盛　③藤原秀郷　④武蔵武芝

解説

「将門記」によると、関東土着の桓武平氏一族の間に紛争がおこり、935（承平5）年、これが拡大して合戦となりましたが、将門優勢のうちに争乱は展開します。

939（天慶2）年、将門は武蔵国府の紛争に介入し、さらに常陸国の国司の追及を受けていた藤原玄明を匿い、国府側と対立して合戦となります。

戦いに勝利した将門は、国府の印鎰（国の印と倉庫の鍵）を奪います。そして「一国を討つと雖も公の責め軽からじ。同じく坂東を虜掠して、暫く気色を聞かむ」という進言を受け入れた将門は、ただちに関東制圧に転化します。

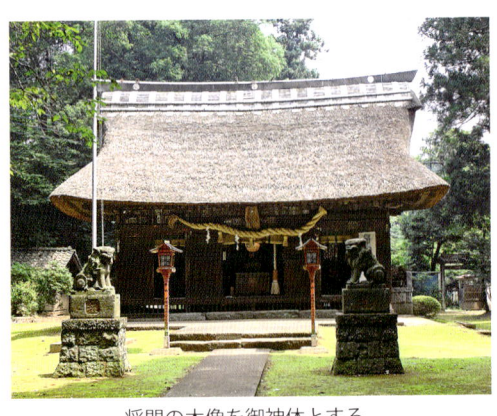

下野（現・栃木県）、上野（現・群馬県）の国府を攻め、国司らを京都に追放した将門は、弟や支持者を新たに国司・介に任命します。自らは「新皇」を名乗り、関東独立国を樹立しました。

将門の木像を御神体とする茨城県坂東市の國王神社

答え　①

問24 2級

6世紀の初め、多摩地域を含む武蔵国(現在の東京都、埼玉県および神奈川県の一部)にヤマト王権の直轄地「屯倉」が設置されました。このときの天皇は誰でしょう。

①継体天皇　②安閑天皇　③欽明天皇　④天武天皇

解説

「日本書紀」によると、安閑天皇元年(534年)、国造(県知事)の地位をめぐって同族の使主と小杵が「武蔵国造の乱」を起こしました。ヤマト王権は友好的関係のあった使主を国造とし、小杵を征伐します。喜んだ使主は安閑天皇に4ヵ所の屯倉を献上しました。

この屯倉の開拓に派遣された渡来系氏族を含む人々により、多摩地域の開発が急速に進んだと考えられます。近年、東京都埋蔵文化財センター(多摩市)により、町田市堺地区の丘陵から、一面に広がる古墳時代後期の畑が発掘されています。

答え　②

古墳時代後期のものと考えられる町田市小山町の畑の遺跡=東京都埋蔵文化財センター提供

問25　3級

平安時代後期の11世紀から12世紀にかけて登場し、多摩地域で活躍した武士団でないものはどれでしょう。

①横山党　②丹党　③西党　④村山党

解説

平安時代後期以降、武蔵国では小領主たちが血縁や婚姻を通じて中小規模の武士団を形成していきました。それは後に「武蔵七党」と総称されました。

「七党」は総称で、必ずしも7つとは限りませんが、江戸時代以降編さんの『武蔵七党系図』では、横山、猪俣、野与、村山、西、児玉、丹の七党を武蔵七党としています。野与や村山の代わりに私市や都築（綴）を入れて七党とする説もあります。このうち、多摩地域を活躍の場としたのは、横山、村山、西の三党でした。

横山党は横山荘（現在の八王子市付近）を本拠とし、多摩丘陵一帯を中心に相模や甲斐などに勢力を広げた武士団です。

村山党は入間郡と多磨郡にまたがる村山（狭山丘陵）を本拠とし、西党は多摩川流域から橘樹郡・都築郡までを勢力範囲としていました。

一方、丹党、猪俣党、野与党、児玉党は多摩地域以外（秩父、児玉、大里、比企、埼玉、足立、入間郡など）を活躍の場としていて、丹党はそのうち主に秩父、児玉、入間郡で活躍しました。

答え　②

問26　3級

平安時代末期、武蔵国で最大の武士団となった一族は何氏でしょう。

①千葉氏　②上総氏　③秩父氏　④中村氏

解説

平安時代末期、武蔵国の最大の武士団となったのは秩父氏一族でした。

同氏は平良文を祖とする桓武平氏で、平忠常の兄弟の将恒の系譜を継いでいます。武蔵国内の有力な在庁官人として、豊島氏、江戸氏、畠山氏、河越氏、小山田氏、稲毛氏などに分かれながら、同国内の他の小武士団を従え、その勢力を広げていきました。

秩父市下吉田にある秩父氏の館跡
＝田井秀氏提供

1180（治承4）年8月に源頼朝が蜂起すると、当初は敵対しましたが、頼朝が房総から鎌倉に向かう過程で一族共に帰伏し、頼朝政権を支える重要な勢力として活躍しました。

なお、他の氏族も桓武平氏の流れに属しますが、千葉氏は現在の千葉市を根拠地としていた下総国の武士団です。また上総氏は房総平氏の惣領家に当たる武士団で、上総国（今の千葉県の中央部）に勢力を広げていました。一方、中村氏は今の神奈川県小田原近辺を本拠地としていた相模国の武士団です。

答え　③

問27 3級

源氏に仕えて一の谷の合戦で活躍し、現在の日野市に本領があった武将は次の誰でしょう。

①畠山重忠　②梶原影時　③比企龍員　④平山季重（すえしげ）

解説

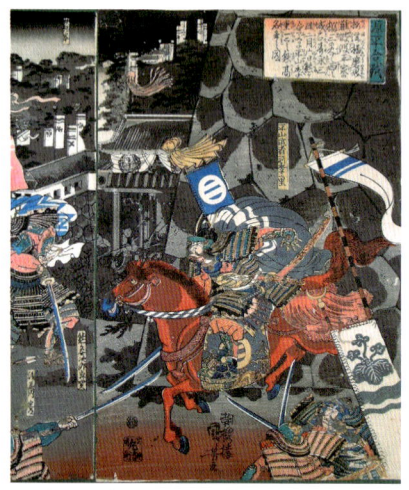

季重の活躍を描いた「源平合戦一の谷先陣争いの図」＝日野市郷土資料館所蔵

　平山季重は船木田荘平山郷（現・日野市平山）を本領としていた武将です。上皇や法皇を警護する武士であったことから「平山武者所」と呼ばれました。頼朝の父・義朝の代から源氏に仕え、保元の乱や平治の乱にも従軍しました。源平の合戦では源義経の軍に加わり、宇治川での木曽義仲軍との合戦や一の谷の合戦での熊谷直実との先陣争いなどの勇猛な戦いぶりが知られています。その様子は『平家物語』や『吾妻鏡』に詳しく描かれています。

　平家滅亡後、頼朝の許可を得ずに任官したために怒りを買いましたが、その後、許され、奥州合戦や東大寺大仏殿落慶供養などで頼朝と行動を共にしています。また、頼朝の子・実朝が誕生した際には、弓の弦を引き鳴らして魔を払う名誉ある鳴弦の役を務めました。晩年は深く仏門に帰依したとされています。

答え　④

問 28　2級

鎌倉幕府誕生前に武蔵国の公務執行を源頼朝に命じられたのは誰でしょう。

①豊島氏　②江戸氏　③畠山氏　④河越氏

解説

　石橋山の戦いに敗れて安房国に渡った源頼朝が、再起して鎌倉に向かう途上で慎重に対処せざるを得なかった相手が、武蔵国の豊島氏、江戸氏、畠山氏、河越氏などの秩父氏一族でした。というのも、同氏は武蔵国内で最大の勢力でしたし、当初は頼朝にも敵対した一族だったからです。

荒川区南千住にある江戸氏ゆかりの石浜神社＝田井秀氏提供

　しかし、頼朝が房総制圧の過程で傘下に収めた大軍を率いて武蔵国に入ると、ついに彼らも順次帰伏するようになります。

　そこで頼朝は、同国の安定を目指すために、直ちに一族の重鎮であった江戸重長に武蔵国の公務執行を命じました。

　それは、頼朝が鎌倉に入る前日の1180（治承4）年10月5日のことでした。

　以後、江戸氏は、一族の他氏が幕府内の権力闘争で衰亡していく中にあって、鎌倉幕府の支柱となり、また幕府滅亡後も長く命脈を保っていくのです。

答え　②

問 29　3級

南武線と京王線の駅名になっている分倍河原は、古戦場としても知られていますが、歴史上で、どのような意味があった合戦でしょうか。

①平将門の滅亡　②鎌倉幕府の誕生
③鎌倉幕府の滅亡　④南北朝動乱の終焉

解説

分倍河原駅近くの遊歩道にある古戦場碑

今から700年ほど前、商工業や交通が発達し、地方の武士が力を付け、社会は大きく変わろうとしていました。元（モンゴル帝国）が2度攻めてくることもありました。北条氏の独裁が強まるなか、後醍醐天皇を中心に鎌倉幕府を倒そうとする勢力が現れます。

1333（元弘3）年、群馬県で兵を挙げた新田義貞は、鎌倉街道を通って鎌倉を目指しました。これを迎え撃とうとする北条氏の軍と激しい戦闘を繰り広げたのが、武蔵国府のあった府中の分倍河原でした。ここで北条軍を破った新田軍は間もなく鎌倉を攻め落とし、幕府は滅びたのです。

現在、分倍河原駅前には新田義貞像、近くの遊歩道には古戦場碑、府中市郷土の森博物館には、これに関わる展示があります。

答え　③

問 30　3級

戦国時代、上杉氏に属していた大石氏の滝山城やその領地を引き継いだのは次のうち誰でしょう。

①上杉謙信　②北条氏照　③武田信玄　④太田道灌

解説

戦国大名北条氏の支配以前、多摩地域に勢力を持っていたのは大石氏と三田氏でした。両氏とも関東管領・武蔵国守護の山内上杉氏に属し、大石氏は現在の八王子を中心に所沢などの入間方面に、三田氏は現在の青梅・飯能地域に勢力を有していました。

北条氏照と家臣の墓
＝八王子市教育委員会提供

一方、武蔵へ進出した北条氏は、1546(天文15)年、河越城(現・川越市)を奪還しようとした山内・扇谷上杉軍を撃破し、これにより武蔵国での北条氏の優位が決定的になりました。その後、北条氏康は大石氏へ男子を養子として送り込み、家督を継がせてその支配領域の継承を図りました。この男子が大石源三、後の北条氏照です。

三田氏は、関東に進撃した長尾景虎(後の上杉謙信)の陣に加わり、反北条氏の立場を明らかにしました。しかし、景虎が、鶴岡八幡宮で関東管領職を継いで越後へ引き上げてしまうと、ただちに氏照は三田氏への攻撃を開始、1561(永禄4)年、三田氏は滅亡します。

こうして氏照は滝山城、さらに八王子城を拠点に、豊臣秀吉の侵攻を受けるまで、多摩地域を支配下に治めました。

答え　②

問31　3級

江戸時代、江戸日本橋を起点に5つの主要な幹線道路が設けられていました。それらを総称して「五街道」といいますが、このうち、多摩地域を通っていたのはどの街道でしょうか。

①浜街道　②青梅街道　③甲州街道　④五日市街道

解説

八王子市の旧甲州街道沿いにある国史跡「小仏関跡」

　五街道とは、東海道、中山道、甲州街道、奥州街道、日光街道を指し、徳川家康が全国支配のために整備したといわれます。このうち甲州街道が多摩地域を通っていました。

　甲州街道は、日本橋から甲府を経て信州の下諏訪に至る街道で、距離は約208キロありました。公用交通では、信州の高島、高遠、飯田の3藩が参勤交代で利用し、幕府の甲府勤番士や代官所役人も使っていました。江戸時代中期以降は甲州ブドウや梨、甲州絹などの物資輸送も活発に行われています。

　内藤新宿（現・新宿区）から上諏訪まで街道沿いに45の宿場があり、多摩地域には、府中宿、日野宿、八王子宿など10宿が設けられていました。

　このうち八王子宿は横山宿、八日市宿など15の宿によって構成され、江戸時代後期には八王子宿全体で家数約1500軒、人口約6000人、旅籠屋4軒、飯盛旅籠12軒があり、その数は甲州街道の宿場の中でも群を抜いて多く、八王子は宿場町としてのにぎわいをみせていました。

答え　③

問32　3級

多摩市の「向ノ岡」という交差点の近くには平安時代の六歌仙の1人の石碑がたっています。この碑は、誰のものでしょう。
　①在原業平　②小野小町　③大伴黒主　④僧正遍昭

解説

　小野小町は平安期の歌人で、在原業平、僧正遍昭、大伴黒主、文屋康秀、喜撰法師とともに六歌仙の1人といわれ、また楊貴妃、クレオパトラとともに世界三大美女ともいわれています。
　「花の色はうつりにけりないたづらにわがみ世にふる眺めせしまに」という百人一首の歌は、美人薄命といわれたその運命とともにあまりにも有名です。

小野小町の歌碑

　多摩市連光寺に小野小町が詠んだとされる「武蔵野の向の岡の草なれば根を尋ねてもあはれとぞ思ふ」(『新勅撰和歌集』巻十九収載　藤原定家撰、1235＝文暦2＝年完成) という歌の碑がたてられています。
　小野小町ゆかりの場所は、小町伝承と呼ばれるさまざまな伝説とともに全国各地に散在していますが、ここ多摩の向ノ岡は、小町が実家のある陸奥に向かう途中で立ち寄ったと言われています。
　この歌碑は1940 (昭和15) 年秋、製薬会社社長・長尾欽弥氏が揮毫し、建立したものです。

答え　②

問33　2級

青梅街道沿いの小川村（現・小平市）開村のきっかけは何でしょう。
　①街道沿いが雑木林の連続で治安が悪かった
　②沿道の人口が増えた
　③街道沿いの雑木林を畑に転用し、食料を増産するため
　④街道の宿場間が長く、人馬の往来に支障があった

解説

　青梅街道は、1606（慶長11）年に開かれ、成木村（現・青梅市）から江戸への石灰輸送の道として利用されました。石灰輸送は、街道沿いの村の伝馬継ぎによって行われましたが、箱根ケ崎村（現・瑞穂町）から田無村（現・西東京市）までの5里（約20キロメートル）の間は武蔵野の原野で人が住んでいませんでした。また、「湯水がなく、人や馬が難渋し、亡くなる者もいた」といいます（小川家文書）。

　54（承応3）年に玉川上水が開通し、翌55（明暦元）年に野火止用水が開削されて、飲み水の確保が可能になりました。そこで、岸村（現・武蔵村山市）の小川九郎兵衛が代官所に願い出て、小川村の開発が許可され、玉川上水から小川分水を引くことが認められました。

　また、小川村開発の条件となったのは、家を造って定住することと、馬を飼って伝馬役を務めることでした。この結果、小川村では開発に着手した57（明暦3）年から、田無村など7ヵ所への伝馬継ぎを務めています。

答え　④

問 34　3級

江戸時代の初め、関東を支配する代官を集住させ、地方行政の拠点となっていたところはどこでしょう。

　①府中　②青梅　③五日市　④八王子

解説

　1590（天正18）年8月1日、豊臣秀吉によって滅ぼされた後北条氏に代わって関東を治めることとなった徳川家康は、江戸城に入城し、新しい関東支配の体制を築くこととなります。

　八王子にも新支配体制のもと、新たな町が建設され、町には年貢や諸役の徴収、治安の維持などを行う代官の陣屋が多く置かれるようになりました。

　この八王子に置かれた代官たちは、『新編武蔵風土記稿』よると「御代官十八人」といわれ、甲斐の武田氏や後北条氏の旧臣などを代官として登用し

大久保長安陣屋跡の碑

ました。代官たちを束ねたのが、佐渡金山、石見銀山の開発、交通網の整備などを行った代官頭大久保長安です。十八代官は最初から18人の代官が置かれたのではなく、時代とともに増えていったものです。

　江戸時代、四代将軍徳川家綱、五代将軍綱吉の頃になると、政治や治安も安定し、支配機構の整備が行われ、代官も江戸に引き上げられ、八王子の代官陣屋も廃止されました。

答え　④

問 35　3級

1653（承応2）年4月から開削され、約8カ月で四谷大木戸まで開通したといわれる玉川上水は全長約何キロメートルでしょう。

①38キロメートル　②25キロメートル
③43キロメートル　④40キロメートル

解説

明治20年頃の玉川上水取水口の羽村堰
＝羽村市郷土博物館提供

玉川上水は、羽村から四谷大木戸（現・新宿区四谷4丁目付近）までは「白堀」と呼ばれる素掘りの堀が開削され、そこから先の江戸市中は石樋や木樋が配管されていました。武蔵野台地を横断する自然流下の水路は、途中で何段もの河岸段丘の崖を越えなければならず、事前の設計が困難を極めたことは想像に難くありません。

結果的に、江戸城へ効率よく配水できる四谷大木戸を終点とした場合、逆算して考えて、多摩川流路の自然的地形ともあわせて、羽村が取水口に選ばれたのは必然だったともいえます。

この羽村から四谷大木戸までの距離は、江戸時代の文献には約50キロメートルとか、約40キロメートルなどと書かれたものもありますが、国土地理院発行の地形図で確認すると、約43キロメートルになり、2003（平成15）年の史跡指定時の文化庁説明資料にも「約43キロメートル」と記載されています。

答え　③

問 36　2級

檜原村の炭生産に関して間違っているものはどれでしょう。
①江戸時代から生産が始まった　②武家屋敷の暖房用としても使われた　③畑地を林地へ転用する場合もあった　④多いときには13万5000俵に達した

解説

　檜原村の炭生産は室町時代から行われていましたが、盛んになったのは江戸幕府が開かれ、江戸での木炭需要が増加してからのことです。

　檜原村の耕地は急斜面を切り開いたもので、しかも散在しており、耕作には大変な労力を必要としました。現在でも、檜原村全体の93.9%が林野で、耕地は0.6%にすぎません。そのため、農業は小規模で、当時の生活は苦しかったようです。このようななか、江戸での木炭需要の増加を受けて、豊富な森林資源の利用を考えたものと思われます。

檜原村では最近まで炭が生産されていた＝小澤昌雄氏提供

　江戸前期の17世紀半ば頃には江戸の武家屋敷への暖房用の木炭として搬出が始まり、江戸市中での需要は年々増え、1789（寛政元）年の出荷量は約13万5000俵に達しました。畑までも林にして生産の拡大が図られたほどです。自分の山だけでは足りず、山を買って木炭生産をする人が現れ、逆に日雇いとして働く人も出てきたといわれています。

答え　①

問37　3級

八王子千人同心が1652（慶安5）年に命じられ、幕末まで務めていた主要な任務は何でしょう。
①多摩地区の警備　②日光火の番
③戦に従軍　④北海道の開拓

解説

豊臣秀吉の天下統一後、関東を統治した徳川家康は、武田氏の旧臣を八王子城下へ移し、治安維持や警備の任務を負わせました。これが八王子千人同心の始まりといわれています。

千人同心の役目は、当初、大坂の陣や関ケ原の戦など軍務が中心でしたが、江戸幕府の成立後、世の中が安定してくると、1652（寛永24）年から家康を祭る東照宮のある日光勤番（日光の火の番）を命じられ、1868（慶応4）年までの217年間にわたって、主要な任務となりました。

18世紀後半、幕府はロシアの南下政策を意識し、蝦夷地（北海道）の経営に力を注ぐようになります。幕府の方針に沿うかのように千人頭の原胤敦は北海道開拓と警備の任務を願い出ます。千人同心の子弟一行は勇払（現・苫小牧市）、白糠（現・白糠町）へ入植しますが、厳しい環境に挫折します。

しかし、日光勤番と北海道開拓の業績は、現在、八王子市と日光市、苫小牧市の姉妹都市という形で引き継がれています。

答え　②

千人同心屋敷跡の碑
＝八王子市教育委員会提供

問38 3級

寛政年間（1789－1801）初期に多摩から相模にかけて広まった天然理心流と関係のない人物は誰でしょう。
①宮川久次郎　②近藤周助　③佐藤彦五郎　④鈴木平九郎

解説

　宮川久次郎は新選組局長・近藤勇の実父。宮川家は上石原村（現・調布市）の篤農家で、勇はその三男でした。近藤周助は天然理心流の宗家三代目。小山村（現・町田市）の島崎家に生まれ、戸吹村（現・八王子市）の近藤三助に入門。三助の死後、近藤姓に改めた勇は天然理心流宗家を継ぎ、市ケ谷柳町（現・新宿区）に道場を移し「試衛館」と称しました。

　佐藤彦五郎は日野宿問屋役兼日野本郷名主。天然理心流に入門して自宅に道場を開き、この道場に集まった近藤勇、土方歳三、井上源三郎、沖田総司らは、やがて新選組として活躍しました。また、新選組を物心ともに支え、自身も日野宿農兵隊を組織して活躍しました。

佐藤彦五郎の自宅を兼ねた日野宿本陣。この敷地内に道場を開いていた

　鈴木平九郎は幕末期の柴崎村（現・立川市）で20年間にわたり「公私日記」を記したことで知られています。鈴木家は代々、柴崎村の名主を務め、平九郎を名乗りました。

答え　④

問 39　3級

明治初期、荷物の搬送船が通ったものの、衛生上好ましくないと、約2年間で中止された水路はどこでしょう。
①千川用水　②野火止用水　③玉川上水　④福生用水

解説

桜が美しい羽村市内の玉川上水ベリ

　1653（承応2）年に開削された玉川上水は、多摩地域と江戸をストレートに結ぶ水路。早くから江戸の商人や多摩地域の有力農民から荷物輸送の出願がありました。しかし、当時の江戸幕府は、上水本来の目的である生活用水の水質汚濁を理由に許可しませんでした。ところが、明治政府は1870(明治3)年4月からの運行を許可します。その理由は通行税目当てともいわれています。

　多摩地域から運んだ荷物は、野菜、炭、薪、酒、たばこ、ぶどう、茶、生糸、木綿、紙などでした。帰りの船には米、塩、魚などが積まれました。通船事業のために水路の拡張や橋の架け替えを行い、岸には荷物の積み下ろしなどのための船だまりが設けられました。

　ところが、72（明治5）年5月で突然中止されてしまいます。やはり上水の汚れが一番の原因でした。わずか2年の通船事業でしたが、後に甲武鉄道（現・中央線）、青梅鉄道（現・青梅線）の開業につながっていきます。

答え　③

問40　2級

多摩丘陵の農村に住む名主が綴った日記で、幕末のペリー来航時の様子が詳細に記されている名主日記はどれでしょうか。
①石川日記　②公私日記　③市川家日記　④小島日記

解説

多摩地域には、江戸時代の農民日記が確認されているだけでも十数家分現存しています。1853（嘉永6）年にペリーが来航し、幕府に開国を迫った事件は非常にショッキングな出来事だったようで、日記のいくつかにはペリー来航のことが詳しく書きとめられています。

それらのうち多摩丘陵のほぼ中央に位置する小野路村（現・町田市）の名主小島家の当主がつづったのが「小島日記」です。1836（天保7）年から1921（大正10）年まで4代86年間にわたって、日々の天候や出来事、来訪者がもたらした情報などが記されています。

1854年のペリー再来航時の日記を見ると、アメリカ側との交渉の成り行きを国中が「薄氷を踏む思い」で見守っていたことや、村内でペリー退去の祈祷を行ったことなどが記述されています。

また小島家当主の為政（鹿之助）は、後に新選組の局長となる近藤勇と義兄弟の契りを結んでいて、近藤勇や沖田総司が剣術の出げいこで同家を訪れたことなども記されています。

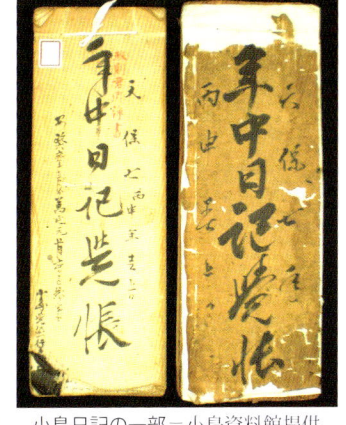

答え　④

小島日記の一部＝小島資料館提供

問 41　3級

御門訴事件で命を落とした人々を弔った慰霊碑は、次のどこにあるでしょう。

①三鷹市　②武蔵野市　③小平市　④調布市

解説

御門訴事件の慰霊碑

御門訴事件とは1870（明治3）年、多摩郡武蔵野新田地域を管轄していた品川県が前年に布達した貧農や困窮者も含めた強硬な社倉制度（飢饉に備えて農民から穀物を取り立て備蓄する制度）の求めに対し、関前村（現・武蔵野市）など12カ村の農民たちが品川県庁へ出向き、窮状を訴えた事件です。

当初、農民たちは嘆願書を提出しましたが、県知事が否認。日本橋の品川県庁門前で門訴する農民たちを兵士が攻撃し、主だった農民が捕らえられました。獄死者も出ましたが、結果的には農民側の主張が認められ、社倉金は新たに武蔵野新田が編入された神奈川県から村々に戻されました。

事件から24年を経た1894（明治27）年、旧関前村村民69人の総意で、事件で命を落とした人々を弔う慰霊碑をこの「社倉下戻金」の一部と農民からの拠出金で建立しました。武蔵野市八幡町3丁目に立つこの慰霊碑は、武蔵野市の市指定有形文化財になっています。

答え　②

問42 3級

京王線聖蹟桜ケ丘の駅名の由来でもある旧多摩聖蹟記念館(多摩市連光寺)は、明治天皇の行幸を記念し、建てられたもの。明治天皇がこの地を訪れた目的は何だったのでしょう。

① 兎(うさぎ)狩り　②観桜　③野営(軍事訓練)

解説

明治天皇は、1881(明治14)年と82、84年の3回にわたって、現在の多摩市連光寺を訪れました。

81年2月のときは、連光寺村の旧家・富沢家を行在所とし、兎狩りを行いました。連光寺村だけでなく、付近の村々から集まった勢子は約150人いたとのことです。

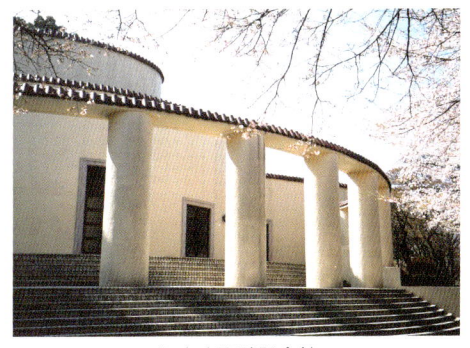

旧多摩聖蹟記念館

明治天皇紀(第六)は「連光寺村に兎狩りを行なわせたまふ、天皇兎狩の遊を好み」「遂に此(こ)の地を御猟場と定め、親猟にあらずんば兎を獲ることなからしむ、是(これ)に至り更に親猟の御沙汰(さた)あり」と伝えています。

1930(昭和5)年11月にオープンした多摩聖蹟記念館は、設計は関根要太郎、コンクリート造り、円形の西洋風建築は、86(昭和61)年、多摩市の文化財、東京都の景観上重要な歴史的建造物に指定され、現在の名称「旧多摩聖蹟記念館」に改称されました。

答え　①

問43 3級

武蔵野台地で新田開発のきっかけになったのは次のどれでしょう。

①甲武鉄道の開業　②立川飛行場の建設
③玉川上水の開削　④青梅鉄道の開設

解説

羽村からスタートする玉川上水路＝羽村市郷土博物館提供

武蔵野台地は黒土の下に関東ローム層と呼ばれる赤土が堆積しており、水の便が非常に悪い土地でした。そのために江戸時代初めごろまでは、新しい村の開発に挑戦するような人は多くありませんでした。1653（承応2）年、その武蔵野台地のほぼ中央に玉川上水が引かれると、その水を利用して新しい村を拓こうとする人たちが出てきました。

1722（享保7）年、徳川8代将軍吉宗の享保の改革により新田開発が奨励されました。武蔵野台地では水田開発は困難でしたが、玉川上水からの分水により多くの新田村が誕生し、世話役・川崎平右衛門の活躍で畑作を中心としたそれぞれの生活が営まれました。いまでも青梅街道や五日市街道沿いに見られる細長い短冊形の地割りは、分水を利用した新田開発の名残です。

玉川上水は武蔵野台地の尾根筋が開削されたため、左右どちらの岸からも分水を引くことが可能で、幕府の許可により、江戸時代を通じて合計33カ所の分水が引かれました。

答え　③

問44 3級

1858(安政5)年、日米修好通商条約が結ばれ、翌年、横浜が開港されると、生糸が輸出品として、八王子の鑓水峠を通り、横浜へ運ばれました。この道は現在、何と呼ばれていますか。

①鑓の道　②絹街道　③絹の道　④八横道

解説

横浜が開港されると、八王子近郊や山梨などから生糸が八王子に集められ、輸出用として運び出されました。その時に使われた道が、現在「絹の道」と呼ばれています。

当時、ヨーロッパでは蚕の病気が流行し、生糸の生産量が落ち込んでいたことから、日本の生糸に対する需要が増えました。そこで鑓水村(現・八王子市鑓水)の商人たちは、この道を通って生糸を運び、財産を築きました。しかし、1889(明治22)年に甲武鉄道が開業し、八王子一新宿間が鉄道で結ばれると、横浜への主要ルートは東京経由へと移っていきます。

「絹の道」は、初めは「神奈川往還」「浜街道」などと呼ばれていました。「絹の道」という名前は、自分史「ふだん記」運動創始者の橋本義夫さんによって命名され、昭和20年代から使われるようになり、1957(昭和32)年、峠に「絹の道の碑」が建てられました。72(昭和47)年に市史跡「絹の道」に指定、96(平成8)年には文化庁により「浜街道」として「歴史の道100選」に選ばれています。

答え　③

絹の道の碑
＝八王子市教育委員会提供

問45 3級

民権運動の中心的指導者の一人で、政治結社融貫社を設立した後、南多摩郡自由党の基盤を作ったのは誰でしょう。
①千葉卓三郎　②吉野泰三　③石阪昌孝　④板垣退助

解説

　石阪昌孝は多摩郡野津田村（現・町田市）に生まれ、野津田村の名主を務めていた時に明治維新を迎えます。1871（明治4）年に小野郷学を設立して教育に力を入れる一方、区長を務めるなど、幕末維新期の地域行政を担う存在でした。翌年には、のちに自由党副総理となる県令・中島信行によって県吏に登用され、79（明治12）年に開かれた神奈川県会では初代の議長を務めています。

　結社での活動にも積極的で、78（明治11）年には学習結社責善会に参加。また、81（明治14）年には武相懇親会を原町田で開催し、多摩を含めた当時の神奈川県域の団結を呼びかけ、政治結社融貫社を設立します。融貫社は、その後、自由党支部となりますが、82（明治15）年の集会条例改正で支部設置が禁止され、解散。その後、南多摩郡の自由党員の内規を作成し、党員の結束を図る中心にいたのも石阪で、長く南多摩郡ひいては旧神奈川県域の自由党の領袖として活躍しました。

　90（明治23）年の第1回から衆議院議員選挙に4期連続当選し、晩年には群馬県知事を務めました。

　千葉卓三郎は元仙台藩士で五日市憲法草案にかかわりました。吉野泰三は天然理心流の剣術を学び、後に石阪とともに神奈川県会議員となり、政治結社自治改進党を結成。板垣退助は土佐藩士で自由民権運動の指導者。

答え　③

問46 3級

新選組の土方歳三の日野市の生家は土方歳三資料館として公開されていますが、墓のある寺はどこでしょう。

①石田寺（せきでんじ）（日野市）　②高幡不動尊（日野市）
③深大寺（調布市）　④安養寺（日野市）

解説

　石田寺は、高幡不動尊金剛寺の末寺。歳三の生家からほど近い、多摩川と浅川の合流点近くにあります。現在の墓石は2004（平成16）年に建て直したもので、5月11日の命日のみならず、1年中、献花が絶えません。箱館（現・函館）で戦死した歳三の埋葬地は明らかではありませんが、石田寺の墓には歳三の魂が安らかに眠っています。

土方家の墓、右が歳三の墓

　高幡不動尊金剛寺は土方家の菩提寺（ぼだいじ）で、大日堂には歳三の位牌（いはい）があります。境内には歳三と近藤勇の顕彰碑である「殉節両雄之碑」や歳三の銅像があります。このうち「殉節両雄之碑」は佐藤俊正（彦五郎）や小島為政（鹿之助）らが1888（明治21）年に建立したものです。碑文は大槻磐渓が書き、松本順（良順）の書、篆額（てんがく）は松平容保によるものです。

　また、奥殿には歳三の書簡をはじめ、歳三にかかわる数々の遺品が保存・展示されています。

答え　①

問47　3級

関東大震災後の東京復興の際、中央線が運んだ重要な復興物資は何でしょう。

①水　②砂利　③石炭　④鉄

解説

多摩川砂利の採取は江戸時代に始まりました。第一次世界大戦のもたらした好景気による京浜地区の発展に伴い増加し、関東大震災以後は建設資材として多摩川の砂利の需要が急増しました。当時のコンクリートはセメント、砂、砂利、鉄筋を建設現場に運んで製造されていました。1907（明治40）年に開通した玉川砂利電気鉄道（渋谷～二子玉川）や、21（大正10）年に敷設された多摩川砂利鉄道（川崎～登戸）が運搬に利用されています。

多摩川砂利の大規模な採掘に困ったのが、多摩川から農業用水を導水している農家でした。砂利を掘ると、河床も水面も低下します。すると、堰で水をかさあげして取水口から導水している農業用水に十分な水が入らなくなります。多摩川沿岸町村長は河床低下による取水難について内務大臣に陳情し、34（昭和9）年以降、日野橋から下流では、新たな採掘は不許可になりました。

しかし、多摩川砂利は再び乱掘されるようになったため、52年以降、徐々に規制が強化されました。一方では工場でコンクリートを製造し、現場まで運ぶ生コンクリートが登場。65（昭和40）年には多摩川全域で砂利採掘が原則として全面禁止になりました。

答え　②

問 48 3級

1949（昭和24）年7月15日、駅構内で電車が暴走、脱線し、死傷者を出した国鉄三大事件の一つが発生したのは、どこでしょうか。
①小金井市　②国分寺市　③武蔵野市　④三鷹市

解説

　北多摩郡三鷹町（現・三鷹市）と武蔵野市にまたがる中央線三鷹駅構内で起きた無人電車暴走事件は、三鷹事件とよばれ、下山事件、松川事件とともに国鉄三大ミステリーと言われています。

商店街に突っ込んだ無人電車
＝事件史探究サイトから

　当日21時23分（サマータイム施行中のため、現在の時間では20時23分）、三鷹駅構内の引き込み線から7両編成の無人電車が暴走し、猛スピードでホームの車止めを突破した後、駅前交番から商店街に突っ込みました。ホームは到着した電車から降りた乗客でごった返しており、ホームから改札口に向かって歩いていた人が跳ね飛ばされて下敷きになるなど、死者6人、負傷者20人を出す惨事となりました。

　捜査当局は首切り反対の国鉄労組の共産党員が引き起こした事件として、国鉄職員らを逮捕しましたが、アリバイが認められるなどして、結局、非共産党員の竹内景助の単独犯行として死刑判決がくだされました。

　しかし、竹内には事件当時のアリバイ証言があったにもかかわらず認められていないなど、謎の多い事件とされています。なお、竹内死刑囚は67（昭和42）年、脳しゅようのため獄死しています。

答え　④

問49　2級

立川氏の居館跡（都史跡）で、1361（延文6）年の銘のある六面石幢（国宝）があるのはどこでしょう。
　①谷保天満宮　②諏訪神社　③高幡不動尊　④普済寺

解説

国宝の六面石幢

立川市柴崎町にある普済寺は、文和年間（1352～56）、地頭・立河宗恒の開基、物外可什の開山により創建されたと伝えられています。

ここは、武蔵七党の一族である立川（立河）氏の居館があったところで、本堂の東側と墓地の西側に高さ約2メートル、長さ約40メートルの土塁があります。土塁をはじめ、付近は東京都指定の史跡です。

国宝の六面石幢は高さ166センチ、幅42センチの秩父青石と呼ばれる緑泥片岩の板石6枚を柱状に組み合わせたもので、金剛力士（仁王）像と四天王像が刻まれています。

1361（延文6）年に性了が建立し、道円が刊刻したもので、考古資料部門の国宝としては、もっとも制作年代の新しいものといわれています。

寺の南側からは、多摩川を挟んで、多摩丘陵や丹沢の山々を見渡し、晴れた日には遠く富士山を一望することができます。残堀川や根川緑道につながる散策路としても親しまれています。

答え　④

問 50 3級

江戸時代の芝居といえば、歌舞伎。地元の人たちで演じる「地芝居」の農村歌舞伎があきる野市に伝わっています。これを受け継いでいる団体に該当しないのはどれでしょう。
①秋川歌舞伎保存会　②菅生一座　③乙津 大神楽保存会

解説

あきる野市に伝わる農村歌舞伎は、明治中頃に二宮神社に奉納する神楽師によって演じられたのが始まりです。全盛期は大正時代で、古谷、栗沢の2座が競合し、近県にもその名は知られていました。

昭和20年代、社会の変化とともに衰退。昭和の終わりには栗沢一座の栗沢一雄座長だけがせりふや所作、義太夫などを伝承。途絶が危惧されました。

1992（平成4）年に市民、市、学校が協力して二宮歌舞伎保存会を結成して子供歌舞伎が発足。栗沢さんの演技指導で伝承活動が図られ、2年後には秋川歌舞伎保存会と改称しました。保存会の演じる「秋川歌舞伎」は99（平成11）年3月に都指定無形民俗文化財となりました。

また、同市菅生地区にも栗沢さんにより農村歌舞伎が伝えられ、1935（昭和10）年には住民によって上演されました。現在は菅生一座が活発に活動し、「菅生歌舞伎」の名で伝承されています。

答え　③

秋川歌舞伎保存会による公演の様子
＝あきる野市教育委員会提供

問 51　2級

次の多摩地域の遺跡についてまとめた文章を読み、グラフを参考にして、選択肢の中から適当な言葉を選んで空欄を埋めてください。

　東京都内には2009年3月末現在、約5,628の遺跡があります。約としましたのは、実は遺跡の発見は現在進行形で少しずつ増えているからです。

　遺跡の管理・統括は国では文化庁、東京都では教育庁が、市区町村では教育委員会が担当しています。それでは、都内でどこに遺跡が多いかわかりますか。

　東京都教育委員会が管理している「遺跡地図情報」（2008年10月現在）によると、遺跡が多いベスト3は、3位は多摩市326カ所、2位は町田市で1,012カ所、堂々の1位が八王子市で1,029カ所になります。八王子市と町田市で都内遺跡数の約36％を占めます。ここに多摩ニュータウンに関連する多摩市、稲城市の遺跡も加えますと2,527カ所で、都内遺跡数の約45％となります。自治体の面積にもよりますが、多摩地域に遺跡が多いことがわかります。

　遺跡が多い理由はいくつか考えられます。1つは多摩地域の中でも南西部の八王子市や町田市は丘陵とその縁に位置し、たくさんの川が流れています。　　イ　　に富み、　　ロ　　などの自然の恵みが豊かなところなので、昔の人も　　ハ　　と思われます。

　次ページに多摩ニュータウン中の遺跡数をグラフで示しました。多摩ニュータウンは多摩市、八王子市、稲城市、町田市の4市にまたがり、多摩丘陵内に作られた新しくできた街

です。

　このニュータウンの中には964カ所の遺跡が見つかっています。時代別に見ると、圧倒的に［ニ］の遺跡が多く、逆に［ホ］の遺跡が少ないことがわかります。この理由は縄文時代が［ヘ］を主な暮らしとするため、丘陵内の自然の恵みを活用した生活を送ったのに対し、弥生時代は［ト］が始まった時代なので、平地の少ない多摩丘陵内は［チ］のかもしれません。

　遺跡地図情報は東京都のＨＰで閲覧可能です。皆さんの家の近くにもきっと遺跡がありますよ。調べてみてください。

1．狩猟や採集　2．地形の変化　3．住みよかった
4．住みにくかった　5．弥生時代　6．縄文時代
7．米作り　8．動物や植物

多摩ニュータウン遺跡群　時期別遺跡数

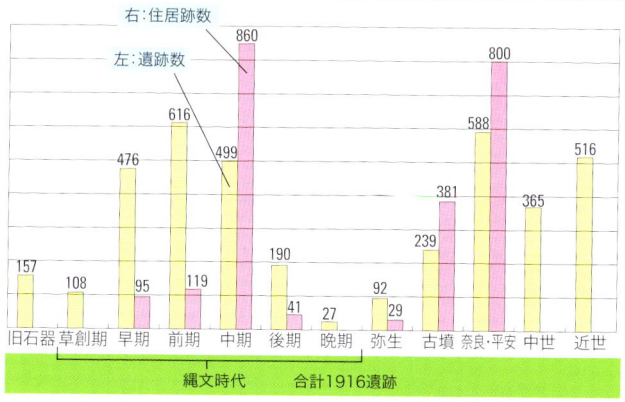

右：住居跡数
左：遺跡数

時期	遺跡数	住居跡数
旧石器	157	
草創期	108	
早期	476	95
前期	616	119
中期	499	860
後期	190	41
晩期	27	
弥生	92	29
古墳	239	381
奈良・平安	588	800
中世	365	
近世	516	

縄文時代　合計1916遺跡

データは金持健司さん調べ

答え　㋑2　㋺8　㋩3　㊁6　㋭5　㋬1　㋣7　㋠4

問52　3級

教育の自由や地方自治権の保障などを盛り込んだ「五日市憲法草案」を起草したのは誰でしょう。
　①千葉卓三郎　②石阪昌孝　③吉野泰三　④利光鶴松

解説

　五日市憲法草案は、1880(明治13)年に深沢権八を中心に結成された学習結社五日市学芸講談会の有志と、宮城県栗原郡白幡村(現・栗原市志波姫)に生まれ、五日市勧能学校の教師だった千葉卓三郎が中心となって81(明治14)年に起草した私擬憲法草案です。

　1968(昭和43)年、東京経済大学教授であった色川大吉氏らによって西多摩郡五日市町(現・あきる野市)深沢にある深沢家土蔵の調査が行われ、古文書約1万点が発見されました。五日市憲法草案は今にも壊れてしまいそうな行李(こうり)の中に、古びた小さな風呂敷に包まれていました。起草から約90年を経た日のことでした。

　五日市憲法草案は、正式には「日本帝国憲法」と標題され、全文5編11章204条から成る私擬憲法草案で「国帝」「公法」「立法権」「行政権」「司法権」に分かれ、特に、司法、立法、行政の三権分立が明確に規定され、国民の権利に多くの条文が割かれているなど、自由民権思想にあふれた大変民主的な内容であり、他の民間草案の中でも屈指のものと高く評価されています。1983(昭和58)年5月6日、五日市憲法草案が発見された土蔵のある深沢家屋敷跡は東京都史跡に、五日市憲法草案は東京都有形文化財に指定されています。

五日市憲法草案の碑

答え　①

終戦傍受して「戦後」は調布から始まった

　ポツダム宣言を傍受した外務省情報局弘報室分室が、調布町（現・調布市）国領にあったことは意外に知られていません。カナダ人ミス・エマ・R・カフマンが、1926（大正15）年にYWCAの活動拠点として調布町に建てたレストハウス（現・東京YWCA国領センター）を、1943（昭和18）年から46年3月まで、外務省が分室として使っていました。米国製のハリクラフターやハマランドの性能のよいオールウェーブ受信機を備え、40人ほどのアメリカ帰りの2世が4人1組となって、交替制で24時間、世界の重要放送を聴いていました。

　このような受信施設は、このほかに外務省防空壕内のモールスキャスト、埼玉県上福岡町（現・ふじみ野市）の陸軍省の受信所、東京府東久留米町（現・東久留米市）の海軍省の受信所、埼玉県川越市の同盟通信のモールス受信所、同盟とNHK共同の愛宕山リスニングポストがありました。

　陸海軍の旺盛な抗戦意欲を抑えて、終戦外交を展開し、敗戦をその後の繁栄の出発点に変えてしまった原点が、海外情報の収集に基づいた情勢分析による判断だったことからすれば、戦後は調布から始まったとも言えるでしょう。

本陣、脇本陣がなかった布田五宿

　江戸時代の甲州街道にあった現・調布市の布田五宿は、東から国領、下布田、上布田、下石原、上石原の連続する5つの宿の集合体で、個々に問屋場があり、ひと月を均等割して宿継ぎ業務を担当していました。江戸時代の道中細見図の布田五宿部分に「国領宿」「石原宿」などさまざまに標記されているのは、取材日に担当した宿が異なっていたためではないかと考えられます。

　甲州道中には半月交替や10日交替、あるいは上り、下りを分担する宿継ぎ形態が知られていますが、5つの宿で分担する例はほかになく、特殊な宿継ぎ形態です。

　また布田五宿の中央が江戸日本橋から六里目にあたり、近いことからか、本陣、脇本陣がなく（甲州道中32継ぎ中、本陣、脇本陣がないのは2宿のみ）、宿泊施設も少ない。このことからも布田五宿は、宿継ぎ業務が中心の宿場であったことがうかがえます。

幻の甲武鉄道・中央線計画

 甲武鉄道(現・中央線)は、当初、新宿から青梅街道に沿って田無を通り、立川まで走らせるという案をもっていました。
 計画では当初、馬車鉄道でしたが、時代に合わなくなったとの理由で汽車鉄道(蒸気機関車)に変更となったため、あちこちで反対運動がおこりました。
 養蚕を盛んに行っていた田無周辺の農民も、蒸気機関車の煙が蚕の餌になる桑の葉や、農作物に害を及ぼすことを恐れて、反対運動をおこしました。
 会社側は、やむをえず現在の中央線の位置に、1889(明治22)年、鉄道を通したのです。結果的に、田無は中央線沿線よりずっと発展が遅れてしまいました。

原爆模擬爆弾投下で3人死亡

 1945(昭和20)年7月29日、現・西東京市柳沢に強力な爆風を生じる爆弾が一発投下され、畑仕事をしていた女性ら3人が亡くなりました。
 長らくその爆弾が何であるのかは不明でしたが、米軍資料研究者らの調査で、それが原子爆弾の投下訓練のために全国約50カ所で実施された作戦だったことが判明しました。
 投下された爆弾は「原爆模擬爆弾」といい、8月9日に長崎に投下されることになる原爆と同型のパンプキン爆弾に、通常の高性能爆薬を入れたものと分かりました。重さは1ポンド(4.5トン)に及びました。投下したB29は長崎に原爆を投下したB29と同機です。

ENJOY&HISTORY

「西の原爆ドーム・東の変電所」

　2005（平成17）年、東大和市は、都立東大和南公園内にある旧日立航空機株式会社立川工場変電所前の広場（同市桜が丘）を「平和広場」（通称名）と命名しました。戦前に建てられたこの建物は、銃弾の跡が生々しく、戦禍の激しさを物語る貴重な場所であり、二度と悲惨な戦争を起こさないようにという願いを込めて呼ぶこととしたものです。

　この変電所は、1938（昭和13）年にできた東京瓦斯電気工業株式会社（通称「瓦斯電」）立川工場の変電施設で、戦後、経営母体が何度か変わってもほとんど修理されず、戦前のままの状態で、93（平成5）年まで稼動していました。

　壁面に残る無数の穴は、45（昭和20）年の2度にわたる米軍の大規模な攻撃の際の機銃掃射や破裂した爆弾の破片によってできたものです。

　この一帯は、21（大正10）年、立川村（現・立川市）に陸軍立川飛行場の開設が決まり、周辺に軍需工場の航空機関連工場が建設されました。瓦斯電（のちに日立航空機株式会社）立川工場が大和村（現・東大和市）にできたのもその一環です。この工場ができるまで辺りには駅も人家もなく、一面の畑、やぶ、雑木林に覆われたところでした。瓦斯電は工場を建設するに当たって、ドイツの「ジードルング」方式を採用しようとしていました。ジードルングとは、都市郊外に建設される企業を中心とした集合住宅の意

壁に無数の銃弾跡が残る旧変電所

味です。社宅や寮をはじめ、青年学校、診療所、配給所、風呂屋、集会所、駐在所、迎賓館、映画館、スポーツ施設などを次々と建設しました。当時の大和村にはほとんどなかった施設ばかりです。

　しかし、45（昭和20）年、相次ぐ空襲を受けた工場は操業不能。戦後、工場があった部分は米軍大和基地となりました。しかし、一帯の南街地域は住宅地として残り、今では市内有数の住宅、商業密集地となっています。

　「平和広場」の周辺一帯は、都立東大和南公園として整備され、当初取り壊される予定だった変電所の建物は、貴重な歴史資料を残そうという市民運動などにより保存されることになりました。95（平成7）年には東大和市の史跡に指定され、「西の原爆ドーム、東の変電所」ともいわれ、戦災遺跡としては全国でも数少ない文化財指定物件です。

ENJOY & HISTORY

縄文人の文化を知る
ストーンサークル田端環状積石遺構

　京王相模原線多摩境駅から徒歩5分のところに町田市の代表的な遺跡「田端環状積石遺構」があります。全国で20余りあるスートンサークルの1つですが、都内では珍しく、1971年に東京都指定史跡になりました。

　この遺跡は今から約3500～2800年前の縄文時代後期から晩期にかけてつくられた共同墓地の跡です。大小の自然礫を帯状に積み上げ、長軸（東西）が約9メートル、短軸（南北）が約7メートルの楕円形です。積石の下やすぐわきには墓と思われる素掘りの穴や小型の石をめぐらした穴がいくつも見つかりました。こうした穴や積石の間からは土器や石器、耳飾りなどの装身具も出土しています。

　当時の死者の埋葬や祈りといった精神文化を知ることができる貴重な遺跡です。現在は、遺構の劣化を防ぐために実物は埋め戻し、その上に複製を展示しています。

復元された田端環状積石遺構＝町田市教育委員会提供

八高線列車衝突事故のモニュメント

　八王子－高麗川駅間が電化されたとはいえ、まだまだローカル線の趣が残るJR八高線。小宮－拝島駅間の多摩川鉄橋には悲しい歴史があります。

　太平洋戦争が終わった直後の1945（昭和20）年8月24日早朝、この鉄橋で上りと下りの列車が正面衝突し、少なくとも105人の死者、行方不明者が出た日本鉄道史上に残る大事故でした。衝突の衝撃や増水していた多摩川に流され、犠牲となった多くは終戦とともに故郷に帰る復員兵や疎開先から自宅に帰る人々でした。終戦直後の混乱期が生んだ悲劇でした。

　2003（平成15）年11月、事故現場下流の多摩川中州に眠っていた事故車輌の車輪2対が引き揚げられました。58年ぶりです。昭島市は、この車輪を事故現場近くの堤防上に設置し、説明板とともにモニュメントにしました。

　散策やジョギングを楽しむ人々の傍らに置かれた錆び付いた車輪は、時の流れを示すとともに、平和の尊さも訴えています。

『吾妻鏡』に書かれた真慈悲寺の実像求めて

　梅をはじめ、四季折々に庭園が楽しめる百草園。ここには、かつて真慈悲寺という寺院がありました。

　創建は平安時代とされます。『吾妻鏡』には、有尋という僧が荒廃した寺の再興を源頼朝に約束させ、幕府の助成を得て「幕府御祈願寺」となったと記されています。

　百草園に隣接する百草八幡宮には「武蔵吉富真慈悲寺」と、背中に記された銅造阿弥陀如来坐像があり、重要文化財となっています。また、百草園の東の丘陵から経筒が発見されていることから、寺域は現在の百草園よりも広かったと推測されます。

　真慈悲寺は鎌倉幕府の滅亡で姿を消しましたが、元禄時代に領主・小林正利がこの地に松連寺を建立しました。松連寺は一度衰退しましたが、享保年間（1716〜1735）に小田原城主大久保忠増の室、寿昌院慈岳元長尼が再興し、この時、庭園も造られたといわれます。江戸時代には風光明媚な場所として知られ、1887（明治20）年に庭園として一般公開された後も、北村透谷、大町桂月、徳富蘆花、若山牧水らの文人墨客が訪れています。

　真慈悲寺と松連寺については、現在、日野市と多くの市民ボランティアが、その実像を解き明かす試みを行っています。

ENJOY&HISTORY

武蔵国に分布する神社の総社

　府中市の大國魂神社は、近世までは六所宮・六所明神などと称され、武蔵総社ともされてきました。総社とは、律令制の国ごとに国府の近くに設けた国内の有力な神を合わせ祀った神社で、その成立は11世紀後半とされています。

　武蔵総社が六所宮と呼ばれるのは、武蔵国内の六神社の祭神を合祀しているからで、14世紀中頃に成立した神道説話集「神道集」の「武蔵六所大明神」の章には、六所の内訳として「一宮小野大明神」「二宮小河大明神」「三宮氷河大明神」「四宮秩父大菩薩」「五宮金讃大明神」「六宮椙山大明神」との説明があります。

　この六神は、現在では一宮が小野神社（多摩市）、二宮が二宮神社（あきる野市）、三宮が氷川神社（埼玉県さいたま市大宮区）、四宮は秩父神社（埼玉県秩父市）、五宮が金鑚神社（埼玉県神川町）、六宮が杉山神社（横浜市緑区）とされ、祭礼などを通じて今日までつながりを持っています。国府のある多磨郡を中心に、足立郡、秩父郡、榛沢郡、都筑郡に及ぶ武蔵国内の広範囲に分布する神社です。

（府中市教育委員会発行「新版　武蔵国府のまち　府中市の歴史」から）

大國魂神社

COLUMN

「国」があるのが正式呼称!?
『新編武蔵風土記稿』と『新編武蔵国風土記稿』

八王子市教育委員会文化財課

　『新編武蔵風土記稿』は、1929（昭和4）年から33年にかけて、「大日本地誌大系」の1シリーズとして雄山閣から初めて刊行されました。戦後も何度か再刊され、最も広範囲に流布している刊本です。

　このシリーズは、1884（明治17）年に内務省地理局が刊行した和装本に校訂を加えて刊行されています。内務省地理局の各冊は『新編武蔵風土記稿』の外題（書物の表紙に貼った短冊形の紙に書かれた表題）を持っていますが、内題（扉や本文の始めなど、内部に書いてある題名）と4冊ずつをまとめた封紙の印刷は『新編武蔵国風土記稿』となっています。地誌大系本はこのうち外題を題名としたもので、この本の流布とともに、一般には「国」を取った名称、つまり『新編武蔵風土記稿』が正式名称だと思われているようです。

　一方、1995（平成7）年から文献出版より刊行されている『新編武蔵国風土記稿』は、内閣文庫所蔵の「浄書稿本」を影印復刊（写真版で印刷）したもので、外題が『新編武蔵国風土記稿』、内題が『新編武蔵風土記』となっています。この本は、内務省地理局版の底本にもなっていて、もっとも良好なテキストですが、刊行にあたり外題を題名としたものです。

　このように、書名を決めるのには複雑な事情があるわけ

ですが、この書の第1巻に載せられた「例義」（凡例にあたる）の首部には『新編武蔵国風土記』とあって、例義によれば、「新編」とは奈良時代の古風土記に対しての呼称であり、編さんの意図としては『新編某国風土記』の1つであったことがわかります。そうすると、正式な書名としては「国」の字を入れた『新編武蔵国風土記稿』としたほうがよいと思われます。

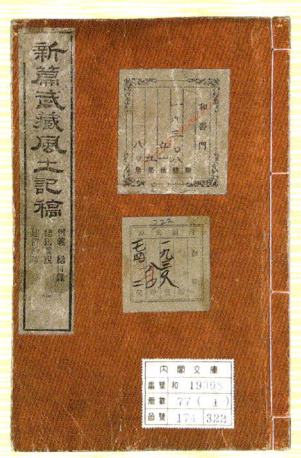

外題『新編武蔵風土記稿』

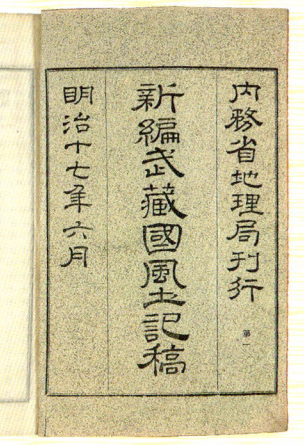

内題『新編武蔵国風土記稿』

COLUMN

縄文時代の陥穴（おとしあな）

東京都埋蔵文化財センター主任調査研究員　及川良彦

　縄文時代は、狩猟と採集の時代と言われています。それでは、その狩猟の方法は、どういうものでしょうか。

　縄文時代の狩猟は、大きく能動的に獲物である動物を追跡する狩猟と、受動的に獲物を待ち受ける狩猟があります。後者の待ち受ける方法に罠猟（わなりょう）があります。罠には様々な方法がありますが、遺跡から見つかる罠の代表は陥穴です。陥穴に落ち、動けなくなった動物を生きたまま捕まえたり、殺したりします。

　陥穴は獲物が穴に落ちることで捕獲できます。動物を穴に落とすには、勢子（せこ）や犬などで追い込む方法と待ち受ける方法があります。前者が積極的な猟で、労働のエネルギー投下が大きいのに対し、後者は省エネの消極的な猟といえます。

　多摩ニュータウン開発に伴い、964カ所の遺跡が見つかりました。発掘調査により旧石器時代から近代までさまざまな時代の遺跡がありますが、最も多く見つかった遺構は縄文時代の陥穴です。2002（平成14）年の集計では約14,000基の陥穴が検出されています。

陥穴には大きく2つのタイプがあります。1つは陥穴の底に棒状の施設がある形で、この棒状のものが落下してきた動物にダメージを与え、身動きをできなくすると考えられています。

　もう1つは底に棒状の施設がないもので、這い上がれないほど深い穴になっていたり、底が急に狭くなっていたりします。一度穴に落ちた動物を脱出できなくしたり、脚が挟まって抜けなくなったりするものです。

　現在の研究では、前者の穴の底に棒状施設をもつものが、待ちうけタイプ、後者の穴の底に棒状施設がないものが追い込みタイプと考えられています。**下のイラスト**は待ち受けタイプの陥穴です。

変わらぬ思い

あおしんは、大正11年の創立以来90年近い月日が経ちました。
時代は変わり、物事の見方や考え方も変わりましたが、あおしんには変わらないものがあります。
それは「共存同栄」という創業の精神です。
私たちは地域のお役に立ち、地域とともに発展していきたいと願っています。
この思いはこれまでも、そしてこれからも変わることはありません。
いつまでも地域の皆さまに親しまれる「のめっこい信用金庫」でありたいと願っております。

あおしんは"美しい多摩川フォーラム"を応援しています！

こうした考えのもと、あおしんは、地域金融機関の使命として、青梅マラソン大会をはじめ、さまざまな地域活動を支援しています。また、地域の活性化と自立を目指し、平成19年7月、官民により設立された美しい多摩川フォーラム（事務局：あおしん地域貢献部内）の地域づくり運動を支援し、同フォーラムが多摩地域の将来を見据えてまとめた「美しい多摩川100年プラン」のもと、みなさまのより豊かな暮らしの実現に努めています。

青梅信用金庫
http://www.aosyn.co.jp

模擬問題と解説

産業と文化

問 53　3級

青梅市の岩蔵温泉の伝説にまつわるのは誰でしょう。
①日本武尊（やまとたけるのみこと）　②木花咲耶姫（このはなさくやひめ）
③須佐乃袁尊（すさのおのみこと）　④天照大神（あまてらすおおみかみ）

解説

岩蔵温泉の源泉に祀られている「湯の権現」

青梅市小曾木にある岩蔵温泉は、江戸時代に編まれた『新編武蔵風土記稿』の中に「北の方、小名岩倉にあり、（中略）此傍より水流出て、至て冷水なり、疝気の病にてなやめるか、或は骨をくだき身を打たるの類を治すること、甚（はなはだ）効験ありといえり、風呂湯にして湯壺三尺廻りあり」とあることから、少なくとも同書が書かれた文化・文政年間（1804－29）には温泉として知られていたことが分かります。

さらに風土記稿には、「温泉より少く南一町許を隔て、丘上にて小笹原の中にあり、岩を以てたたみあげ倉庫となせり、往昔何人のしはざなることを伝えず、鎧一領を倉中に納めをきたり」とも記されています。

地元では、この鎧こそ日本武尊が東征した折に、東夷征伐の祈願を行い、祈願が成就したことを記念して、尊自身がこの地に納めたものであるという伝説を長く守ってきました。

真偽の程は、確かめようもありませんが、日本武尊東征に関する伝説は、武蔵御嶽神社をはじめ、近隣地域に残されています。

答え　①

問 54　3 級

多摩地域の製造業を比較すると、事業所数が最も多いのは八王子市（2006年に714事業所）ですが、製造品出荷額等で第1位はどこでしょう。

　①小平市　②立川市　③日野市　④府中市　⑤八王子市

解説

　2006年の八王子市の製造品出荷額等は64億7349万円です。日野市が103億4364万円で、トップに立っています。2位は府中市の81億626万円、八王子市は3位です。

　日野市では、1930年代に昭和恐慌の危機を乗り越えるため、大工場の誘致を始めました。そのいくつかが現在も日本有数の企業として操業しています。50～60年代にかけて工業団地などの建設が行われ、今では「工業のまち日野」の側面を持っています。

答え　③

空から見た日野平山工業団地

問 55　3級

大正から昭和にかけて、地域商工業者自らの資金融通のために信用組合の設立の動きが盛んでした。次のうち一番最初に設立された信用組合はどれでしょう。

　　　　　①青梅町信用組合　②立川信用組合
　　　　　③八王子信用組合　④福生町信用組合

解説

開設当初の青梅町信用組合＝青梅信用金庫提供

立川信用組合開設当初の証符＝多摩信用金庫提供

　1927（昭和2）年の金融恐慌の後、政府は銀行の整理・統合を推進しました。その結果、全国の銀行数は32（昭和7）年には538行と恐慌以前の3分の1近くに減りました。これとは別に、多摩地域には有力な地方銀行がなく、地域商工業者の間で自らの資金融通のため、信用組合をつくる動きが盛んでした。22（大正11）年に青梅町信用組合、33（昭和8）年立川信用組合、同年武蔵野町信用組合、41（昭和16）年八王子信用組合、48（昭和23）年には福生町信用組合が誕生しました。

　その後、それぞれ改組、改称し、51（昭和26）年の信用金庫法の制定で青梅町信用組合は青梅信用金庫になったほか、合併などで立川信用組合と八王子信用組合は、現在、多摩信用金庫に、福生町信用組合は西武信用金庫になりました。

答え　①

問 56　3級

井の頭自然文化園（武蔵野市）には2007（平成19）年に還暦を迎えた長寿のアジアゾウがいます。上野動物園で戦時下に餓死させられたゾウにちなんで付けられた、このゾウの名前は何でしょう。

　　　①あい子　②あき子　③はな子　④かず子

解説

　タイのバンコク郊外の農場で生まれたアジアゾウの「はな子」は、1949（昭和24）年に来日しました。戦後初めて来たゾウで、熱烈な歓迎を受け、戦争中に猛獣処分で亡くなったワンジーこと花子と同じ名前をもらいました。井の頭自然文化園に来る54（昭和29）年までは、上野動

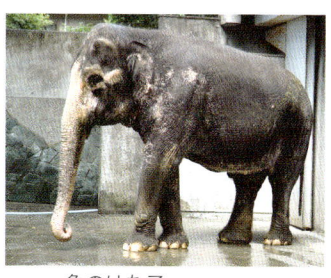

象のはな子
＝井の頭自然文化園提供

物園で、インドのネール首相から贈られたインディラと暮らし、移動動物園で八王子、青梅、伊豆大島などを回ったこともありました。

　井の頭自然文化園に移ってからは、事故で人が亡くなったり、空堀に落ちたり、という悲しい事件もありました。82（昭和57）年頃に体調を崩し、消化不良や便秘を繰り返すようになりましたが、飼育係の努力の結果、快方に向かいました。現在は、まともな歯が1本しかありませんが、特別食を食べて元気に過ごしています。

　2008（平成20）年、61歳を迎えたはな子は自然文化園一番の人気者。子供から大人まで、ゾウ舎の前にはいつも、はな子を温かい目で見守る来園者がいます。

答え　③

問 57　3級

業務中核都市である立川市には近年、研究機関が都心から移転しています。2008年3月に移転してきた機関はどれでしょう。

①国立国語研究所　②国文学研究資料館
③情報通信研究機構　④電力中央研究所

解説

　小金井市にある情報通信研究機構（NICT）は、周波数や時間の「基」となる国家標準値を設定する独立行政法人。狛江市にある電力中央研究所は、電力技術の研究機関兼シンクタンクとして設立されました。立川市に2005年に移転してきた国立国語研究所は日本語教育の総本山、もともとは北区に1948（昭和23）年に設立された組織です。国文学研究資料館は2008年3月に立川に移転した機関で、日本文学に関する資料の収集保管を目的としています。

答え　②

国文学研究資料館の外観

問 58　3級

昭和10年代、「日野五社」と呼ばれる大企業が日野町（現・日野市）に工場を建設しました。「日野五社」に含まれない企業は、次のうちどれでしょう。
①吉田時計店　②日野重工業　③カシオ計算機　④富士電機

解説

　日野は甲州街道の宿場町でしたが、産業としては稲作中心の農村地帯でした。昭和の初めに起こった金融恐慌は農産物の暴落を引き起こし、日野町の経済に大きな打撃を与えました。この時の町長有山亮が行

日野に進出した吉田時計店（現・オリエント時計）
東京日野工場＝オリエント時計提供

ったのが積極的な工場誘致運動でした。

　この運動が実を結び、軍需中心の大工場が進出し、町は経済危機から抜け出すとともに多摩を代表する近代工業地帯となりました。

　1936（昭和11）年に吉田時計店（現・オリエント時計）、翌37年に六桜社（現・コニカミノルタ）、41年に富士電機、42年に日野重工業（現・日野自動車）、43年には神戸製鋼所東京研究所（現・神鋼電機）と相次いで進出し、「日野五社」と呼ばれました。

答え　③

問 59 2級

高尾山薬王院有喜寺は何派の寺院でしょうか。
① 真言宗智山派　② 浄土真宗本願寺派
③ 高野山真言宗　④ 天台宗

解説

薬王院の飯縄権現堂

年間250万人が訪れる観光名所、高尾山の山上にある薬王院は正式名称を高尾山薬王院有喜寺といい、真言宗智山派に属しています。

真言宗は弘法大師・空海によって9世紀初頭に開かれた仏教の宗派です。真言宗智山派は、平安時代に活躍した覚鑁を開祖とし、総本山は京都市東山区の智積院です。現在は真言宗智山派の大本山として「成田山新勝寺」「川崎大師平間寺」「高尾山薬王院」が三大本山として知られています。

高尾山薬王院は奈良時代の744（天平16）年に聖武天皇の勅命により東国鎮護の祈願寺として、行基菩薩により開山されました。薬王院の名前は創建当初、薬師如来を本尊にしたことに由来します。

薬王院では、毎年2月の節分に節分会を行っています。大本堂での御護摩修行や浄火洗心等を行い、大本堂前の仮設舞台から豆まきを行います。毎年年男・年女、著名力士や俳優、さらに八王子の代表的伝統芸能の車人形の家元などを招き、盛大に行われます。2009（平成21）年は八王子市観光大使の北島三郎さんが参加しました。

答え　①

問 60　3級

国分寺市にある鉄道総合技術研究所は、新幹線の技術開発を行ったことで知られています。同研究所が所在する町の名前は何でしょう。

①光町　②児玉町　③翼町　④梓町

解説

鉄道総合技術研究所は国立駅北口にありますが、行政区域は国分寺市です。同市のホームページには「光町は、951形新幹線が誕生する少し前、昭和41年2月1日の「町名整理」および「地番整理」の実施により誕生しました。東海道新幹線の開発研究を行なった鉄道技術研究所（現在の鉄道総合技術研究所）があったことから、新幹線「ひかり号」にあやかり、「光町」と名づけられました」と記述があります。

現在の(財)鉄道総合技術研究所＝同研究所提供

1964（昭和39）年10月1日に東京駅から「ひかり号」が発車して開業した東海道新幹線の路線は、新大阪駅まで515.4キロメートル。72（昭和47）年3月15日、新大阪駅－岡山駅を開業した山陽新幹線は、75（昭和50）年3月10日、博多駅まで延伸したことで553.7キロメートルとなり、合計1069.1キロメートルがつながりました。名実ともに日本の鉄道の大動脈になっています。

答え　①

問 61　3級

八王子出身の童謡作家の中村雨紅に該当しないものはどれでしょう。

①『おもちゃのチャチャチャ』　②雨のおじさん
③『夕焼小焼』　④小学校教員

解説

中村雨紅は1897（明治30）年、当時の東京府南多摩郡恩方村（現・八王子市上恩方町）に生まれました。本名は高井宮吉。師範学校を卒業後、北豊島郡日暮里町（現・荒川区日暮里）で小学校の教員を務めながら童話を作り、児童に聞かせていました。

その頃の童話は雨に関するものが多く、「雨のおじさん」と呼ばれていたそうです。やがて野口雨情に傾倒し、「中村雨紅」のペンネームで童謡を書くようになりました。代表作は『夕焼小焼』（1919年）。学生時代に八王子駅から実家に歩いて帰る時の体験がもとになっているといわれています。

現在、八王子市の施設「夕やけ小やけふれあいの里」（八王子市上恩方町）には、中村雨紅展示ホールがあり、雨紅に関する資料が常設展示されています。

また、子供の帰宅を促すため、夏季は17時、冬季は16時に八王子市内に放送されるチャイムには『夕焼小焼』のメロディーが使用され、市民に親しまれています。

童謡『おもちゃのチャチャチャ』は、作家野坂昭如の1963（昭和38）年の作品です。

中村雨紅作「夕焼小焼」の碑=島峰譲氏提供

答え　①

問62　3級

多摩に生まれ育った作家で、28年間も書き続けられた長編小説『大菩薩峠』の著者は、次のうち誰でしょう。
　①中里介山　②吉川英治　③下村湖人　④大岡昇平

解説

　『大菩薩峠』は、1913（大正2）年9月から41（昭和16）年までの28年間も書き続けられた、作家・中里介山の代表作です。

　介山は、本名は弥之助といい、羽村で生まれました。才気かん発な弥之助少年は村の子供たちのリーダー的存在で、恩師・佐々蔚（しげる）先生の薫陶を受けながら成長しました。小学

文机の前に座す中里介山
＝羽村市郷土博物館提供

校卒業後は、電話交換手を経て母校の代用教員になります。刻苦勉励の後、正教員の資格を得るものの、しばらくして教員生活をやめ、1906（明治39）年末に都新聞社へ入社しました。

　この前後から、「介山」のネームを使い始め、作品を発表し始めます。『大菩薩峠』の執筆が順調な19（大正8）年、都新聞社を退社し、その後、高尾山に草庵を結びます。青梅に草庵を移した後、30（昭和5）年、羽村に西隣村塾、大菩薩峠記念館を建設し、理想郷の実現を目指します。44（昭和19）年、生涯独身のまま、腸チフスにより59年の生涯を閉じました。

答え　①

問 63　2 級

以下の空欄にあてはまる言葉を次頁の選択肢の中から選んでください。

　江戸時代から明治時代にかけて、　イ　にいたる地域の材木は、筏師が筏に組んで多摩川に流し、　ロ　まで運んでいました。これが筏流しです。筏は下流に集積され、そこから　ハ　に運ばれました。

　筏流しは　ニ　に始まったと言われ、幕末から　ホ　に最盛期を迎え、大正末年に終わりを告げました。多摩川筏流しは　ヘ　（1657＝明暦3年）の復興で有名になり、度重なる　ト　による木材需要に応えました。この木材「　チ　」は江戸・東京にとって重要な建材となりました。

多摩川の筏流し再現写真＝青梅市教育委員会提供

　筏は　ロ　に到着すると、材木船が引き取り、　ハ　まで回送。筏師は六郷で荷を引き渡すと、六郷の筏宿か、川崎の旅籠に泊まり、翌朝、帰路に着きました。多摩川沿いの道を遡って、途中、調布か、府中で1泊することが多かった

といいます。この道は　リ　と呼ばれていました。甲州街道南側を東西に走っていた　ヌ　も筏道の一つでした。

①江戸初期　②明治30年代　③六郷　④深川・木場　⑤佃島　⑥小河内から羽村　⑦青梅材　⑧筏道　⑨品川道　⑩江戸の大火　⑪明暦の大火

答え　イ⑥　ロ③　ハ④　ニ①　ホ②
　　　ヘ⑪　ト⑩　チ⑦　リ⑧　ヌ⑨

問64　3級

調布市は日活撮影所や日活芸術学院など「映画のまち」として知られていますが、この地で撮影された有名な作品は何でしょう。
① 『東京物語』　② 『ALWAYS 三丁目の夕日』
③ 『西部警察』　④ 『カルメン故郷に帰る』

解説

　調布市が映画のまちとなるきっかけは、京都の東活映画社から派遣された本多嘉一郎が1932（昭和7）年にスタジオ建設候補地として訪れた時に始まります。その5年前にできたばかりの「京王閣」も近く、視察後、京都へ「水澄み、時代劇、現代劇に最適なり」と打電しました。日本初のトーキー映画『マダムと女房』（五所平之助監督、田中絹代主演、松竹蒲田撮影所）が制作されたのが31（昭和6）年です。日本映画界はトーキーへの移行期に当たっていましたが、「現代劇に最適」とは、当時生まれつつあったサラリーマンが多数住む郊外シーンを撮影するにも都合が良いという意味でしょうか。

　翌年開設された日本映画社多摩川撮影所は、後に大映撮影所（04年から角川大映撮影所）となり1991年『シコふんじゃった』（周防正行監督）、1995年『Shall Weダンス？』（周防正行監督）、2004年『妖怪大戦争』（三池崇史監督）など、映画、ドラマ、ＣＭが撮られています。

　同じ調布にある日活撮影所では、40歳を超えた男性には懐かしいテレビドラマ『西部警察』（1979－84、テレビ朝日）が撮影されました。映画並みの派手な爆破、カースタントを持ち込み、高視聴率を得た石原プロの作品です。ちなみに『ALWAYS 三丁目の夕日』が撮影されたのは東映碁撮影所です。

答え　③

問 65 3級

中央線や西武新宿線沿線にはアニメ制作プロダクションが集積しています。次のうち、多摩地域にない会社はどれでしょう。
①スタジオジブリ　②シンエイ動画
③竜の子プロダクション　④東映アニメーション

解説

『ドラえもん』『クレヨンしんちゃん』などのヒット作品を制作しているシンエイ動画は田無駅北口にあります。

国分寺駅南口に『マッハGoGoGo』『ハクション大魔王』の竜の子プロダクション、東小金井駅北口には宮崎駿監督作品で有名なスタジオジブリ、三鷹駅南口には『NARUTO』『うる星やつら』などのテレビアニメで知られる株式会社ぴえろがあります。

老舗の東映動画（現・東映アニメーション）が練馬区東大泉にあり、そこを巣立ったアニメーターたちが近くで、しかも地価が安い多摩地域で会社を興したため、増えたのではないかといわれています。

答え　④

アニメの制作風景＝ぴえろ提供

問66　3級

作家・重松清の著書で、多摩ニュータウンを舞台として描かれた作品は何でしょう。

　　　①『エイジ』　②『定年ゴジラ』
　　　③『ビタミンF』　④『ナイフ』

解説

　重松清は1991（平成3）年『ビフォア・ラン』で作家デビューしました。現代の家族をテーマに話題作を次々に発表しています。99（平成11）年に『ナイフ』で第14回坪田譲治文学賞を受賞し、同年『エイジ』で第12回山本周五郎賞、2000（平成12）年には『ビタミンF』で第124回直木賞を受賞しました。『定年ゴジラ』は直木賞を逃したものの、ノミネートされ、NHKでテレビドラマ化されました。

　この『定年ゴジラ』は、多摩ニュータウンをモデルにした、架空の「たまがわニュータウン」を舞台として98（平成10）年に発表されました。42年間の会社勤めを終えた男性の生活ぶりをつづっています。郊外にあるニュータウンで過ごす姿を、仲間たちとの交流、家庭内での自分の居場所を見つける苦悩を軸に、定年後の人々の姿をリアルに描いています。

　題名は、「定年」を自分の中でどう受け入れるか、戸惑い、悩む定年仲間たちが開発当初の団地の模型を踏み潰すシーンから名づけられています。登場人物も現代という時代を反映し、重たいと感じるような話題を軽いタッチで描いて反響を呼びました。

答え　②

問 67 3級

サッカーのJ1チーム「FC東京」のサポーターから「キングオブトーキョー」として愛された外国人選手は誰でしょう？
① ストイコビッチ　② ラモス瑠偉
③ エメルソン　④ アマラオ

解説

　アマラオ（1966－）はブラジル出身のJリーグのサッカー選手です。調布市にある「味の素スタジアム」をホームとする、FC東京の前身、東京ガスフットボールクラブの勧誘を受け、92（平成4）年に来日しました。その後チームをJFL（日本フットボールリーグ）優勝へ導き、J2、さらにJ1の舞台へと導きました。

　アマラオには2000（平成12）年に移籍話が浮上しましたが、移籍反対運動をサポーターが起こし、チームに残ることを決意させました。このようにサポーターに愛されたアマラオは03（平成15）年にチームを退団した後も「キングオブトーキョー」と呼ばれ、サポーターに愛されています。09（平成21）年現在もFC東京が味の素スタジアムで試合を行う際、"KING AMARAL STUDIUM"の巨大な横断幕がゴール裏に掲げられています。

　また08（平成20）年には彼の半生をつづったドキュメンタリー映画『KING OF TOKYO O FILME』が公開されました。

　FC東京は日曜日を中心に「みたかさくらまつり」や「調布市福祉祭り」など様々な街のイベントに参加して、地域に愛されるチームとしても知られています。こうしたイベントに選手が参加することもあり、プロサッカー選手を目の前で見ることができます。

答え　④

問68 3級

1963（昭和38）年に療養のため、町田市に転居した作家は、誰でしょう。

①遠藤周作 ②玉村豊男 ③三浦朱門 ④高橋三千綱

解説

遠藤周作（1923－96）は、作家、エッセイスト、評論家、劇作家と幅広く活躍しました。慶応大学仏文学部卒。小説『白い人』で55（昭和30）年芥川賞受賞。

自身がカトリックの洗礼を受けたキリスト者であることやフランス留学の経験などを通じ、日本と西欧との精神風土の違いに着目し、「日本人にとって（キリスト教における）神とは何か」というテーマを追い続けた作家でした。『沈黙』をはじめとする主要作品には、生涯そのテーマが流れている一方で、ユーモア小説と称される分野でも多くの作品を発表しています。63（昭和38）年、東京都町田市玉川学園に転居したのちは、自ら住まいを「狐狸庵」と名付け、「狐狸庵山人」と称して、ユーモアエッセイ集「狐狸庵閑話」（「こりゃあかんわ」をもじったと言われています）も発表しています。

ありし日の遠藤周作
＝遠藤周作文学館提供

玉村豊男さんは多摩に愛着を持つエッセイスト、画家、ワイナリーオーナーです。三浦朱門さんは府立二中（現・都立立川高校）卒業の作家であり、日本芸術院院長。高橋三千綱さんは多摩に暮らして半世紀近い作家。小説『九月の空』で第79回芥川賞を受賞しました。

答え ①

問 69 3級

日野市にある多摩テック(2009年9月末閉園予定)は、1961(昭和36)年にある目的で開園しました。それは何でしょう。
　①温泉の発掘　②多摩地域の活性化
　③戦後復興の資金収集　④自動車、オートバイの普及

解説

　本田技研工業の系列の「モータースポーツランド」が自動車、オートバイの普及やモータースポーツへの理解を深める目的で日野市に開園しました。

　敷地は約12万平方メートル。ゴーカートやオートバイを模した乗り物などモータースポーツと関連したさまざまなアトラクションを開発しました。時代にあった交通ルールと、モーターサイクルの醍醐味を楽しめる園内には25の乗り物が用意されました。1994(平成6)年には敷地内のキャンプ場から温泉を掘削し、温泉施設「クア・ガーデン」もオープンしました。

　家族で楽しめる遊園地として多くの人に親しまれていますが、閉園を惜しむ地元の人々の声は少なくありません。閉園後の跡地の利用については未発表(2009年3月時点)です。

　　答え　④

人気の乗り物「アクロエックス」＝多摩テック提供

問 70 2級

昭和初期に南多摩郡の七生村（現・日野市）にあった遊園地はどこでしょう。
　　①多摩テック　②鮫陵源（こうりょうけん）　③京王閣

解説

鮫陵源の正門
=『平山をさぐる―鮫陵源とその時代』（日野市発行）から

京王電氣軌道株式会社（現・京王電鉄株式会社）の平山駅（現・京王線平山城址公園駅）から滝合橋で浅川を渡ったところにモダンな三角屋根の門が建ち、遊園地や料亭「日本館」、様々な種類の魚の養殖池がありました。創設者は鮫島亀之助。アメリカに渡って貿易会社に勤め、帰国後は事務機や菓子を輸入する鮫島商会を銀座に設立して財を成しました。開園は1936（昭和11）年6月。その後拡張され、40（昭和15）年に全施設が完成し、敷地面積は約3万坪（約10ヘクタール）ありました。

当時としては珍しい洋風の遊園地で、鮫陵源独特の遊びとして考案されたウッドボールゴルフ（ゴルフとクロケットを合わせたもの）やプール、釣り堀、ジャンボ滑り台などの遊具があり、近隣の子供たちの遠足地としても親しまれました。

戦争の激化で43（昭和18）年末に営業停止。戦後の一時期に日本館を使って料亭「鮫陵源」が復活しますが、55（昭和30）年に廃業となり、跡地には東京都住宅供給公社の平山住宅が建ちました。

答え　②

問71　3級

1948（昭和23）年に多摩地域で入水して自ら命を絶った小説家は、次のうち誰でしょう。

①芥川龍之介　②太宰治　③川端康成　④三島由紀夫

解説

　6月13日深夜、太宰治と愛人の山崎富栄は互いの体をひもで結んで抱き合い、三鷹の玉川上水に入水自殺しました。19日に遺体が上がりました。現在の玉川上水は、水量が少なく、とても入水自殺できるとは思えませんが、当時は水量が多く、流れも急で、人食い川と呼ばれていたほどでした。

　太宰治は本名津島修治、1909（明治42）年に青森県北津軽郡金木村の大地主の家に生まれました。中学1年の時の創作『花子さん』で同級生を感激させ、高校時代は創作活動と芸者遊びに熱中。東大を中退後、処女短編集『晩年』（36年）を刊行。一時沈滞した時期もありましたが、石原美知子と結婚後、『富嶽百景』『走れメロス』など秀作を次々に発表。戦後に発表した『ヴィヨンの妻』『斜陽』で流行作家になりました。

　学生時代の左翼運動の挫折に加え、自殺未遂とパビナール中毒による自虐的な苦しみが作品に影を落とし、道化的精神を含む独特の文体が特徴で、無頼派、新戯作派と呼ばれました。

　6月19日は「桜桃忌」と呼ばれ、墓のある三鷹市の禅林寺に多くの人が訪れます。

答え　②

1944年、自宅付近での太宰治＝日本近代文学館提供

問 72　3級

次の農作物の中で、清瀬市が都内一の生産量を誇るものはどれでしょう。

①トマト　②ニンジン　③ナス　④カボチャ

解説

清瀬が誇るニンジン

清瀬市の農地面積は2008（平成20）年では市街化区域内農地面積218.62ヘクタールで、市の総面積の約21.5％を占めています。農地の約88％が生産緑地に指定され、営農意欲が高い地域であることがうかがわれます。

都心から比較的近い距離にありながら、昔から農業が産業の中心的な役割を果たし、農のある風景が市民に安らぎを与えてきました。

ニンジン出荷量は年間1860トンで、東京都内の48.4％のシェアを誇っています。その他、サトイモも都内第1位で、ホウレンソウは第3位と露地野菜を中心とした市場出荷の経営が主体です。

清瀬商工会では農商工連携の一環として、「にんじんジャム」やニンジン焼酎「君暮らす街」を販売しています。

市内の商店では、ニンジンを使った商品の開発や「にんじんレシピコンテスト」と銘打ち、ニンジンを使ったレシピを全国から募集するなど地域活性化を図っています。

答え　②

問 73　3級

日野市では約40年前からハウストマト栽培が本格化しました。日野の名がつくトマトのブランドは何でしょう。

①日野ファースト　②日野スイート
③日野ハウス　④日野ナチュラル

解説

日野市では、昭和40年代からハウストマト栽培が始まりました。水田転作や所得向上のために、主に平山地区、豊田地区、堀之内地区、東光寺地区で作られました。

当初は東京多摩青果、八王子青果などの市場に出荷していました。昭和50年代に入るとスーパーマーケット販売に対応するため、共同出荷が始まり、統一規格による段ボール箱が必要になりました。東光寺ハウストマト組合の奥住徳寿さんと和田実さんの提案で箱が作られ、その箱に初めて「日野ファースト」の文字が入りました。

昭和60年代になると、市場では日野ファーストの1箱あたりの平均単価が全国一を記録しました。平成に入り、都からブランド野菜として認知され、多摩川梨とともに日野市の特産物になりました。

現在、日野市ではファースト系、桃太郎系のトマトが栽培され、庭先販売、共同直売所、農協直売所、学校給食用や市場出荷で販売されています。

ファーストトマトは、皮が薄く甘味と酸味のバランスが良く、完熟トマトは特に人気があります。まさに直販向きのトマトです。

答え　①

日野ファースト

問74 3級

次の外食チェーンの中で多摩地域に本社がないのはどれでしょう。

①すかいらーく ②松屋 ③魚民 ④ロイヤルホスト

解説

1970年にオープンしたスカイラーク1号店
＝すかいらーく提供

ファミリーレストランの草分け「すかいらーく」チェーンを運営する株式会社すかいらーくの本社は武蔵野市にあります。創業者の横川四兄弟が前身の乾物屋「ことぶき食品」を保谷町（現・西東京市）ひばりが丘団地に開店したのは1962（昭和37）年。すかいらーく（ヒバリの意味）の由来は、創業の地にあります。70（昭和45）年、府中市の甲州街道沿いに「スカイラーク（当時はカタカナ）」1号店（国立店）が開店しました。

牛めしの松屋を展開する株式会社松屋フーズの本社も、居酒屋「魚民」や「白木屋」などを運営する株式会社モンテローザの本社も武蔵野市にあります。

ロイヤルホストを運営するロイヤルホールディングス株式会社の本社は九州・福岡市です。

答え ④

問 75　3級

多摩地域に本社を置く牛丼チェーン店は次のうちどれでしょう。
①すき家　②吉野家　③松屋　④なか卯

解説

明治の文明開化以来、庶民の間にも肉を食べる習慣が広まりました。1899（明治32）年、東京日本橋の魚市場内に「吉野家」が開店。牛丼を売り出しました。1973（昭和48）年、吉野家はフランチャイズチェーン形式の店舗展開を始め、牛丼は気軽に食べられるファーストフードとして全国に広まりました。その後、松屋、すき家、なか卯などがチェーン展開に加わりました。

松屋フーズの創業は1966（昭和41）年。練馬区江古田で中華飯店「松屋」として開業、68年に牛めし焼肉定食店を開店し、89年に社名を松屋フーズとしました。2008（平成20）年9月現在、牛めし定食事業など海外を含め737店舗を展開しています。

本社所在地は、吉野家が新宿区、松屋が武蔵野市、すき家を経営するゼンショーは港区、なか卯が大阪府吹田市です。

答え　③

武蔵野市にある松屋フーズ本社＝松屋フーズ提供

問 76　3級

ご当地ラーメンの一つ「八王子ラーメン」のタレは何ダレですか。

①みそ　②塩　③ゴマ　④しょうゆ

解説

「八王子ラーメン」は、しょうゆベースのタレ、表面を覆うラード、そして刻みタマネギを具にしていることの3つの特徴があります。

発祥には諸説ありますが、1960年代に当時、子安町（現在は中野上町）で営業していたラーメン店「初富士」の先代店主が開発したという説が有力です。

先代は、元々、市内北野町で立ち食い蕎麦屋を営んでいましたが、駅前開発の折に子安町に移転。その際、当時としては珍しいラーメン専門店へと業種転換しました。ラーメンは中華料理店の1メニューでしかなく、出前が中心だった時代のことです。魅力的なラーメンを提供しなくては、と考案したのが「八王子ラーメン」です。

最もこだわったのが、生の刻みタマネギを具に用いることでした。生タマネギの辛味を抑え、食感を残しつつ、おいしくいただけるようにと試行錯誤の結果、ラードの甘み、独自の工夫によりまろやかに仕上げたしょうゆダレが辛味を消し、三位一体となって八王子ラーメンは生まれました。

今や、八王子市内だけで三十数店舗があり、味の特徴と開発に至るストーリー性が相まって、注目度が高まっています。

八王子ラーメンの元祖「初富士」のラーメン＝八麺会提供

答え　④

問77　3級

日の出町が全国的なシェアを誇る卒塔婆に用いられ、「日の出町の木」にも指定されている樹木は何でしょう。

①スギ　②ヒノキ　③モクセイ　④モミ

解説

　日の出町の代表的な産業は木工業と製材業です。中でも卒塔婆や棺おけ製造が盛んで、大きな工場では1年間に卒塔婆を400万挺、棺おけを20万基ほど作っています。棺おけの生産では日本で一番といわれています。

　卒塔婆の材料には通常モミの木が使われます。モミの産地である日の出町は、江戸時代から卒塔婆の産地として知られ、作られた卒塔婆は主に関東地方の寺などに売られています。

　卒塔婆が日の出町で作られるようになったいきさつには諸説あるようですが、中でも「大久野のとうば」として知られる伝承がもっとも有名です。江戸時代に旅をした大久野地区の人々が、道中、急病で苦しむ僧侶を助けたことから寺に招かれ、僧侶から卒塔婆の作り方を教えられて、それを江戸に売りに行くようになったということです。卒塔婆と同様、寺社で使われる日の出町産の札・護摩札も関東地方に多く出回っています。

　ちなみにスギは奥多摩町の「町の木」、ヒノキは檜原村の「村の木」、モクセイはあきる野市の「市の木」です。

答え　④

問78　3級

東京ブランドとして開発されたブランド豚の名前は何でしょう。

①イベリコ豚　②高座豚　③観音池ポーク　④TOKYO X

解説

3品種を交雑して品種改良したTOKYO X

「TOKYO X」は、1990（平成2）年4月から、財団法人東京都農林水産振興財団の青梅畜産センター（前身は東京都畜産試験場）で、デュロック、バークシャー、北京黒豚の3品種を交雑して品種改良し、97（平成9）年7月に新しい系統として認定された豚です。

この豚の開発は、「外国産輸入豚肉などと差別化する東京ブランドを確立することで、東京の養豚産業を活性化させ、東京都民に安全な食材の提供を行う」ことを目的に進められました。

飼育期間中は飼料に抗生物質を添加せず、指定した飼料は非遺伝子組み換え作物を与える、動物本来の生理に沿った飼養管理を行うなど、独自の生産理念を掲げています。

「TOKYO X」の特徴としては、キメが細かく肉が柔らかい、肉に微細な脂肪組織が入っている、肉が多汁性に富んでいる、などの点があげられます。

生産は「TOKYO X生産組合」で一括管理し、偽物の流通を防ぐため、特定の流通業者が都内のみで販売しています。

答え　④

問 79　3級

「立川うど」は日本一の生産量を誇っていますが、その起源は江戸時代末期、武蔵野で栽培されていた「吉祥寺うど」が広がったものです。それは、主にどの街道沿いでしょう。

①青梅街道　②五日市街道　③甲州街道　④鎌倉街道

解説

1997（平成9）年に発行された東京うど生産組合連合会創立45周年誌『東京うど物語』に掲載されている年表によると、1804年から18年にかけて井荻村（現・杉並区）でウドの栽培が始まり、やがて吉祥寺村（現・武蔵野市）で本格的に栽培されました。

その吉祥寺村を中心に北多摩一円に広がっていった、との記述があります。

今は日本一の生産量を誇る立川市ですが、ウドの栽培が増え始めたのは50（昭和25）年頃で、武蔵野などから導入されたとされています。

また、51（昭和26）年までは、「吉祥寺うど」「関前うど」「保谷うど」など各地域名を冠していたウドの呼び名を「東京うど」と統一し、それ以降は「東京うど」と表現されています。

答え　②

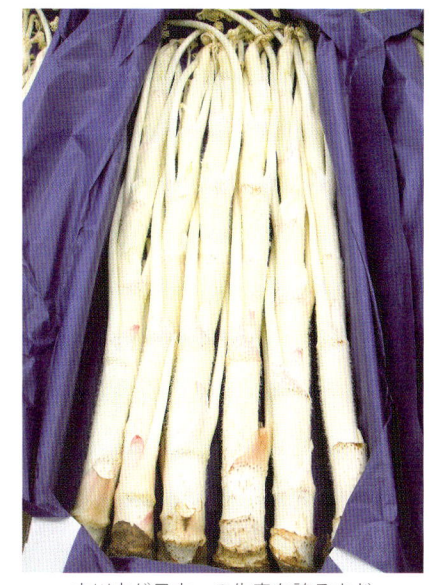

立川市が日本一の生産を誇るウド

問80　3級

吉祥寺の人気スポット「ハーモニカ横丁」の語源は何でしょう。①店舗の間口がハーモニカの吹き口に似ている　②戦後ハーモニカライブが頻繁に開かれた　③かつてハーモニカ専門店が多くあった　④空襲後に発見されたハーモニカから

解説

終戦直後の闇市の雰囲気が今なお残る一帯は、約3300平方メートルに約100軒の店が軒を連ねています。1962（昭和37）年の武蔵野市市政講座の中で、同市在住の文芸評論家・亀井勝一郎氏が、間口の狭い店舗が並んでいるこの様子をハーモニカの吹き口にたとえたことから「ハーモニカ横丁」と呼ばれるようになりました。

昭和の面影が残る
ハーモニカ横丁

迷路のような路地に、昭和の面影が残る店、モダンな造りの新しい店舗、通路にいすを並べて酒を酌み交わす人々、多国籍料理屋で立ち飲みをする外国人、何気ない会話を楽しむ常連客と店主など、こだわりと個性ある店や人が入り混じり、都会の中の異空間を創出しています。

以前は1階で店を営み、2階が生活の場であったため、隣近所の温かいつながりが育まれました。また、1946（昭和21）年に建てた柱を現在も使っている店舗は少なくはなく、全国から訪れる人が絶えません。混とんの中に落ち着きがあり、レトロとモダンがミックスされたこの場所。庶民的な懐かしさと新鮮さを求めて人が集まります。

答え　①

問81 3級

三鷹市では1998（平成10）年から、市の政策として新しい働き方によるまちづくりを展開しています。この働き方を何というでしょう。

①ＳＯＨＯ　②ベンチャービジネス
③アウトソーシング　④オフショアリング

解説

　三鷹市は、光通信網を生かした「ＳＯＨＯ」のまちづくりを進めています。ＳＯＨＯとはSmall Office Home Officeの略で、小規模事務所や自宅をコンピュータネットワークで結んで業務を行うワークスタイルをいいます。

　産業振興とまちづくりを総合的にプロデュースする機関として、市、商工会、地元金融機関などが出資して98（平成10）年、第３セクター「株式会社まちづくり三鷹」が設立され、ＳＯＨＯ施設の整備、運営やビジネス相談窓口などを行っています。

　現在、市内には同社が運営する３つのＳＯＨＯ施設(計67ユニット)のほか、同社がノウハウを提供して民間の店舗ビルをＳＯＨＯ向けに改築したオフィスなどがあり、情報関連ビジネスを育てる環境作りが進められています。

　　　答え　①

三鷹市のSOHOパイロットオフィス
＝まちづくり三鷹提供

問82　3級

1980年代半ばから、ケーブルテレビが全国に先駆けて多摩に登場しました。最初に放送を開始したのはどこでしょう。
　①八王子テレメディア　②多摩ケーブルネットワーク
　③武蔵野三鷹ケーブルテレビ　④日野ケーブルテレビ

解説

地域に根ざした番組を制作している
多摩ケーブルネットワーク

　青梅市、福生市、羽村市をサービスエリアとする多摩ケーブルネットワークは、1987（昭和62）年4月1日、全国初の都市型ケーブルテレビ（CATV）としての放送を開始しました。国内にはまだビジネスとしての都市型CATVはなく、関係官庁、電力会社などもまったくの手探り状態でした。
　当時、テレビといえばNHKと民放で数チャンネルの頃、19チャンネルの配信でスタートしました。その後は衛星放送時代が幕を開け、チャンネル数は増加、アナログ・デジタル放送の配信、ケーブルインターネット、IP電話サービスの提供と続き、CATVが情報インフラとして認知されるに至ります。
　多摩地区では、その後八王子テレメディア、マイ・テレビ（現・JCNマイテレビ）、多摩テレビ、武蔵野三鷹ケーブルテレビおよび日野ケーブルテレビが相次いで開局しました。ケーブルテレビは今、全国の世帯数の43.6％に当たる2280万世帯へ電波を届けています。

答え　②

問 83　3級

動物の飼育が禁じられている団地が多い町田市で、小動物とふれあう機会を設けようと、1988(昭和63)年に開園したのはどんな動物園でしょう。

①ハツカネズミ　②ミニブタ　③リス　④レッサーパンダ

解説

　町田市に「小動物公園検討委員会」が設置されたのは1986(昭和61)年11月。団地住民が多く、ペットを飼えない市民の欲求を満たせる動物園がなかったことから発案されました。市民が動物と親しむ憩いの場を確保し、青少年の情操を育成する効果を期待するとともに、心身に障害のある人に対して就労の場を提供しようとの方向で内容が検討されました。

リスと遊ぶ子どもたち
＝町田リス園提供

　対象動物が「リス」に決定したのは翌年の1月。伊豆大島のリス村を訪れた当時の大下勝正市長の考えによるところが大きかったようです。リスの種類は、縄張りが緩く、人によく馴れる「タイワンリス」に決まり、逃走防止機能を備えた外周200メートルの柵の内に大島から移入した450匹が放されたのは88(昭和63)年11月、同年12月に「町田リス園」は開園しました。

　他の動物園にはない魅力が話題になり、20年を経た今もその人気は持続し、町田市を代表する観光名所となっています。タイワンリスのほか、シマリス、キタリス、アカリスなどがいます。入園者の手のひらでかわいいしぐさでエサを食べるリスの姿が人気です。

答え　③

問84 2級

多摩の産業史は織物業から始まりました。武蔵村山は綿織物、八王子は絹織物の産地でしたが、青梅では江戸時代後期に経糸に絹を使った綿織物が生まれました。その織物「青梅縞」の別名は、次のどれでしょう。

①青梅木綿　②青梅絹布　③青梅紬　④青梅桟留

解説

青梅の村田博氏が復元した江戸後期の青梅縞

八王子は昔から生糸や絹織物の産地として知られていました。武蔵村山は綿織物の産地で、江戸末期に正藍染めによる村山紺絣がつくり出され、大正中期から絹織物の「村山大島紬」が織られるようになりました。

青梅でも昔から綿織物が盛んで、江戸後期には農家の副業として「青梅縞」が織られました。これは経糸に絹と綿を、緯糸に綿を使った綿織物で、「青梅桟留」とも呼ばれ、南方の更紗風で粋な織物として人気を集めました。

明治中期に青梅の織物は着尺から布団生地などの「夜具地」へ転換。織物工場が次々と建ち、東南アジアへも輸出するなど隆盛を極めました。戦後も青梅の夜具地は好評でしたが、ガチャ万景気を頂点に衰え、織物工場は電機部品工場などに転換されていきました。

答え　④

問 85　2級

府中市の大國魂神社で毎年5月に例大祭が行われます。この祭礼は4月30日に、ある場所で禊の水を汲むことから始まります。神職たちは、この水をどこに汲みに行くのでしょうか。
　①多摩川　②奥多摩の森　③東京湾　④小金井の湧水

解説

　大國魂神社の例大祭「くらやみ祭」は、毎年4月30日の「品川禊祓式」の儀式から始まります。30日の早朝、神職一行は府中を出発し、品川区北品川にある荏原神社に行き、同神社の神職の先導で、船で海上に出ます。潮水で身を清め、潮水を汲み取り、荏原神社に戻ります。そこで大祭の無事を祈願し、帰社します。

　荏原神社の氏子区域は、現在はすっかり埋め立てられた天王洲アイルの辺りで、元は海に面していました。この日以降、神職一同は、毎朝、潮水で身を清めるなどして、5月5日の例大祭に向けて儀式が進められます。

　清めの水を汲みに行くこの道は、旧甲州街道ができるよりも前から国府（府中）と品川を結んでいた品川街道です。のちに多摩川の筏師が帰りに使った道で筏道とも呼ばれますが、国府と海を結ぶ古道でした。

　大國魂神社の祭神は、素戔嗚尊の子供の大國魂大神で111年設立と伝えられています。一方、荏原神社の祭神は天照大神で、709年に奈良の丹生川上神社より高神（龍神）を勧請して設立されました。国府と東京湾の流通の結びつきを考えるうえで興味深いことです。

答え　③

問86 3級

府中市を代表する神社であり、男女の出会いの場としての祭事を開催していた歴史があることから、縁結びの神様が祀られている神社はどこでしょう。

①子安神社　②深大寺　③大國魂神社　④伊豆美神社

解説

大國魂神社は武蔵国（現在の埼玉県と東京都の隅田川以東、神奈川県北東部）の総社です。111（景行天皇41）年に景行天皇が創設したとされています。645（大化元）年、大化の改新以降に国府が置かれたことを機に、武蔵国内にある6カ所の神社をここ1カ所に集めて祀る形をとり、社号を「武蔵総社六所宮」とも称します。

府中市のシンボルともいえる、参道沿いのケヤキ並木は、1062（康平5）年に源頼義・義家父子が寄進したケヤキの苗千本を起源とし、国の天然記念物となっています。また、現在の社殿は1667（寛文7）年、第4代将軍徳川家綱の命によって造営されたもので、東京都の有形文化財に指定されています。

大國魂神社の祭神は縁結びで名高い出雲大社でも祭神として奉られる大國魂大神です。因幡の白兎に登場する大国主命（おおくにぬしのみこと）、七福神の大黒天としても知られており、医療を含む衣食住、人の暮らしに関わる神様といわれています。出雲大社では毎年10月に日本中の神様を集めた縁結びの会議を開くといわれ、由緒正しい縁結びの神様としても知られるようになりました。1182（寿永元）年には源頼朝が北条政子の安産祈願を行い、現代では結婚式場としても人気のスポットです。

答え　③

問 87　3級

1968（昭和43）年、世間を騒がせた3億円事件が府中刑務所裏で起こりました。3億円は何のためのお金だったでしょう。
①競走馬の購入資金　②宝くじの売り上げ
③ボーナス　④資産家の相続税

解説

12月10日午前9時20分ごろ、日本信託銀行の現金輸送車は、東芝府中工場の従業員ボーナス支給分の現金約3億円を乗せて府中工場に向かっていました（当時は給与もボーナスも現金支給が一般的でした）。府中刑務所裏にさしかかったとき、輸送車は白バイ隊員（を装った男）に進路をふさがれ、停車しました。男は「車にダイナマイトが仕掛けられているという連絡があった」と、行員らを車から退避させ、代わりに自身が車を運転して走り去りました。

行員らはてっきり本物の警察官と信じ込み、だまされたと気づいたのは事件発生から15分後だったといわれています。

事件は結局、犯人が捕まらないまま1975（昭和50）年、公訴時効を迎えました。

この事件は、3億円（現在の価値にすると20億円以上ともいわれます）というケタ外れな被害額、周到に立てられたであろう犯行計画、鮮やかな手口、まったく人に危害を加えていない点、日本国内では東芝にも銀行にも1円の被害も発生していない点（保険は外国保険会社への再保険でカバー）などから、ある種痛快さを感じる人も少なくはなく、戦後最大のミステリーといわれて、数多くの関連書籍も出版されています。

答え　③

問88　3級

狛江市が発祥の地として、市をあげてのキャンペーンを展開しているものは何でしょう。

　　①スカイライン　②映画　③絵手紙　④ブルーベリー

解説

絵手紙メモリアルポスト

　1981（昭和56）年に「ふみの日記念イベント」として、狛江市内に住む絵手紙創始者・小池邦夫さんを講師に招き、狛江郵便局（当時）内で日本初の"絵手紙教室"が開かれました。2004（平成16）年には「絵手紙発祥23年キャンペーン」型企画し、そのPRとして丸型の旧式ポスト"絵手紙メモリアルポスト"が絵手紙発祥の地シンボルとして狛江郵便局前に設置されました。

　狛江市では2008（平成20）年に「親子絵手紙サミット」も開催し、全国の絵手紙ファンから注目を集めています。

　映画は調布が発祥の地として駅前に「調布・映画発祥の碑」を、スカイラインは武蔵村山市で市内にあった日産自動車村山工場に因んで「スカイラインGT-R（PGC10）発祥の地碑」を工場跡地に、ブルーベリー発祥の地をうたうのは小平市で、市内の花小金井駅前に「ブルーベリー栽培発祥の地 こだいら」碑を建てています。

答え　③

問89　3級

半世紀ぶりに東京で開催され、多摩地域でも行われる2013（平成25）年に予定されている大会は何でしょう。
　①オリンピック　②国体　③博覧会　④サミット

解説

　2013（平成25）年、半世紀ぶりに東京で開催される大会は第68回の国体です。国体は国民体育大会の略称で、アマチュアリズムとスポーツ精神を高揚し、国民の健康増進と体力向上をはかるとともに、地方スポーツの振興を目的として、毎年、都道府県対抗で行われる競技大会です。

　戦後の混乱の中、スポーツを通じて国民、とりわけ青少年に勇気と希望を与えようと、戦災をまぬがれた京都を中心とした京阪神地域で1946（昭和21）年に第1回大会が開催され、その後、天皇杯・皇后杯の授与、都道府県対抗、都道府県持ち回りの方式が確立しました。

　今回の東京国体は「多摩国体」とも呼ばれ、八王子市のゴルフ、調布市のサッカー、西多摩地域のロードレース、島しょ部のビーチバレーまで（予定）、多摩全市町村を中心に東京都全域で開催されることが特徴です。この大会は、地域連携による多摩の魅力を全国に発信するきっかけになると期待されています。

　　　　答え　②

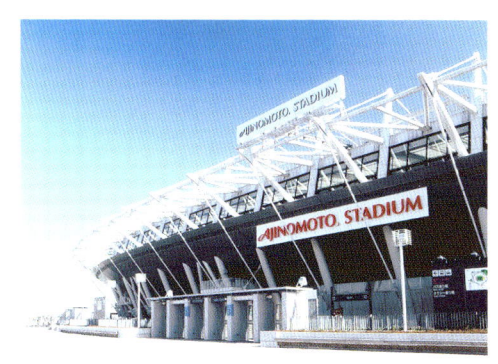

多摩で開かれる国体の会場に予定されている味の素スタジアム＝味の素スタジアム提供

問90 2級

以下の空欄に入るのはどの川でしょうか。

　多摩市、八王子市、町田市、稲城市の４市にまたがる多摩ニュータウンの計画策定が着手されたのは1963（昭和38）年です。将来30万人もの人が住む一大住宅地をどこに造るか。日本住宅公団を中心としたプランナーたちは大いに悩みました。おおよそ現在の位置に造成することは確定しましたが、開発面積をどの程度にするかは議論のあるところでした。結局、□□□□□流域に範囲がはみ出さないように計画され、現在の地域に確定しました。

①多摩川　②境川　③鶴見川　④相模川

解説

　現在、多摩ニュータウンの南側に「横山の道」と呼ばれる古道がハイキングコースとして整備されています。この尾根道が多摩川水系と鶴見川水系の分水嶺となっています。通常、大きな開発を行う時には、どこから飲み水を引いてくるか、どこへ排水するかを決めなければなりません。しかも、初期に計画されていた30万人分の水ともなると、その水量も膨大です。

　当初の計画では町田市側に大きく広げる案もありましたが、そこには鶴見川が流れています。鶴見川は町田市上小山田の田中谷戸に源を発しており、多摩ニュータウンが町田市にはみ出すと、鶴見川に大量の下水が流れ込んでしまいます。それに耐えるためには、鶴見川の中流から下流にいたるまで大規模な河川改修が必要となりますが、当時は、そのような負担を神奈川県に課することができず、時間的余裕もありませんでした。

このため、多摩ニュータウンの下水が鶴見川に流出しないように、尾根の北側に排水路を敷設したのです。現在、ニュータウンの下水は南多摩水再生センターに集められ、多摩川に放流されています。

　では、多摩ニュータウンの上水はどこから来ているのでしょうか。現在は、朝霞浄水場（埼玉県）の水が給水されています。これは多摩川水系の水ではなく、利根川の利根大堰から武蔵水路を伝って荒川に導かれた水を浄水したものです。つまり、多摩ニュータウン住民は、利根川と荒川の水を飲み、多摩川に流しているわけです。

答え　③

2009年現在、約20万人が暮らす多摩ニュータウン

横浜市新横浜をかすめて流れる鶴見川

問91 2級

戦前の多摩地域には、都心へし尿を汲み取りに行く農家が多数ありました。汲み取りが激減するのは昭和30年頃ですが、その直接の原因は次のどれでしょうか。
①悪臭の発生　②化学肥料の普及　③バキュームカーの普及　④衛生意識の広がり

解説

　昭和30年頃まで、農家にとって、し尿は貴重な肥料でした。多摩のある農家の話によると、家作20軒ほどを持っている都心の大家に「肥しがなくて困っているので、汲み取らせてもらえないか」と頼み、朝4時に起き、リヤカーで2時間半かけて通ったこともあったそうです。これは戦後すぐの話で、し尿を汲み取ると、お礼として自分がつくった野菜を持っていったといいます。当時、同じ町内で汲み取りをしていたのが100人。皆農家で、汲み取り組合をつくっていました。そのうちに化学肥料が登場し、農家はこうした下肥を必要としなくなってきました。

　このため、し尿は資源ではなく廃棄物となり、汲み取り業者も廃棄物処理業者などと名を変えました。汲み取り手数料を廃棄費などとして自治会から受け取るようになっていきました。汲み取ったし尿は農家にも売れなくなり、廃棄地に投棄していましたが、宅地開発が郊外に広がるにつれて悪臭問題が発生するようになりました。さらに下水道も普及し、都市部から廃棄されるし尿と郊外農家との関係はなくなっていきました。

答え　②

東京府下初の路線バス

　1913（大正2）年4月15日、京王電氣軌道株式会社（現・京王電鉄）の笹塚－調布間（12.2キロ）が開通しました。所要時間は約1時間、6両編成で30分間隔の往復運行でした。

　京王電氣軌道は、新宿から府中までの全線が開通するまでのつなぎとして、新宿－笹塚間と調布－国分寺間（府中経由）で乗合自動車（バス）を運行しました。使用した自動車は、イギリス製コマーシャルカー（定員12人）2台、アメリカ製ビュイック（定員9人と10人）各1台、イタリア製フィアット（定員16人）1台の合計5台でした。

　開通後の乗客数は、5月31日までの延べ47日間で、笹塚－調布間の電車が37,413人（1日平均769人）、新宿－笹塚間の乗合自動車が22,679人（同483人）、調布－国分寺間の乗合自動車が4,488人（同95人）でした。

　調布－国分寺間は、東京府下初のバス路線でしたが、開業から1年たたない1914（大正3）年2月に営業休止となりました。

ENJOY&HISTORY

「ただいま猫」の石像がある
「猫返し」の阿豆佐味天神社

　立川市砂川四番にある阿豆佐味天神社は、境内に10もの神社があり、中でも猫を守り神とする「蚕影(こかげ)神社」は、愛猫家の間に「猫返し神社」の名で知られています。

　幕末の砂川地区は養蚕が盛んでしたが、猫は蚕に災いをなす鼠を捕らえてくれる大切な存在でした。この神社に行方不明になった愛猫の無事を祈ったところ、無事帰ってきたという逸話が伝えられ、今でも「阿豆佐味天神社といえば猫返し」といわれるほど地元ではビッグネームです。近年では、ジャズピアニストの山下洋輔さんがエッセーで書いたこともあり、全国から参拝者がやってきています。境内にある「ただいま猫」の石像をなでている参拝者が多いとか。

　阿豆佐味天神社は、砂川の新田開発の鎮守の神として1629（寛永6）年に創建。本殿は、立川市の有形重要文化財に指定されており、立川市では最古の木造建築物です。

「ただいま猫」の石像

ENJOY&HISTORY

日本の工業化へ、多摩の鉄道も延びる

　明治政府は日本の工業化を進めるため、鉄道建設を推進しました。1889(明治22)年、甲武鉄道(現・JR中央線)の新宿－八王子間の開通につづき、94(明治27)年11月19日、青梅鉄道(現・JR青梅線)が青梅－立川間で開業しました。1日に4往復運行され、停車駅は青梅、小作、羽村、福生、拝島、立川の6駅でした。

　1907(明治40)年にはレールの幅が狭い軽便鉄道から一般鉄道に切り替え、立川駅での貨物の積み替えの不便を解消しています。現在、この軽便鉄道の「青ハ四号」は愛知県の明治村に保存されています。

　五日市鉄道(現・JR五日市線)は25(大正14)年に開通しました。福生第三中学校前の五日市線の土手は、みずくらいど公園の南側の雑木林を崩し、土を運んだものです。この堤を造るにあたり、熊川村と五日市鉄道は、堤内に農道と田用水路をつくること、熊川村地内に駅をつくることを約束し、31(昭和6)年、熊川駅が開設されました。

　高崎－八王子を結ぶ八高線は、上信越地方と横浜地方との物資の輸送を円滑にするため、34(昭和9)年、全線開通しました。58(昭和33)年、横田基地滑走路拡張のため、国道16号に沿っていた八高線の東福生－金子間は、やや北側に迂回し、現在に至っています。

鉄路は文化の香りも運んだ
＝現在の福生一中付近

100店が連なるベースサイドストリート

　福生市の横田基地西側の国道16号沿いの商店街は通称ベースサイドストリートと呼ばれています。このエリアに約100店舗が軒を連ね、昭和50年代までは横田基地内の軍人や家族がスーベニア品、陶器、電気製品、時計、カメラ、書画、オートバイ、オーダーメイドの紳士服などを買い求める顧客が多くを占めていました。

　ベースサイドストリートは、主に横田商栄会と福生武蔵野商店街振興組合の2つの商店街組織で成り立っています。

　2008（平成20）年度、2つの商店街はイルミネーション設置（年末～年始）、FUSSA BASE SIDE STREET MAP（商店街マップ）製作を共同で行いました。

　横田商栄会は、独自のホームページを立ち上げ、福生武蔵野商店街振興組合では同年11月から毎月第2日曜日にフリーマーケットを開催しています。

　ベースサイドストリートは、横田基地沿いに立地することから、アメリカ風の街並みが楽しめ、その特色ある街並みに魅かれて若手経営者が集まっています。ロケーションとしての評価も高く、映画やドラマの撮影が多く行われています。

16号沿いに並ぶユニークな店

ENJOY&HISTORY

180年湧き続ける「よろこぶべき泉」銘酒に生きる

「大寶惠(おぼえ)」と大書きされた大福帳は、福生市福生の田村酒造「嘉泉」創業の証の古文書です。裏表紙には「田村勘次郎」の署名があります。

当時の福生村名主を代々つとめていた田村家は、1822（文政5）年、九代目勘次郎が造り酒屋の家業を興し、蔵元としてスタートしました。

嘉泉の醸造元、田村酒造場

嘉泉は明治中期まで総本店として、武州一帯（多摩地区、神奈川県、埼玉県の一部）に24の店蔵をもち、経営面、技術面で各蔵を指導する役割も担っていました。これらの蔵の中には年産4000石という蔵もあったそうですが、嘉泉は1500石前後の造り高をかたくなに維持しました。初代・勘次郎からの家訓である「丁寧に造って丁寧に売る」精神を守り通した表れです。この精神は代々受け継がれています。

酒造りを開始するにあたり、九代目勘次郎は敷地内の各所に井戸を掘りました。すると、大ケヤキの傍からこんこんと清れつな泉が湧き出ました。この豊かな水脈こそ、秩父古生層の岩盤から湧き出る秩父奥多摩伏流水です。水質は中硬水、酒造りに最適な水でした。九代目は、この水を「よろこぶべき泉」とたたえ、酒銘を「嘉泉」と命名しました。

嘉泉は、180年前の井戸を今もそのまま仕込み水として使っています。「よろこぶべき泉」は創業以来不動のもの

として、嘉泉の酒造りを支えています。
　そうした中で1975（昭和50）年ごろ、嘉泉は前代未聞の試みをしました。「抜群の高精白を誇る、本醸造を造る。それを二級酒として販売する」というものです。十五代田村半十郎の大英断でした。酒の名は「まぼろしの酒　嘉泉」と命名し、銘酒の逸品として愛飲家に好まれています。

ENJOY&HISTORY

ポツダム宣言を受諾した多摩送信所

　町田市の地形は鳥がはばたいている格好に似ています。その西端の頭の部分に当たる草戸山の山道は、江戸時代に甲州道の抜け道として多くの旅人が利用しました。山頂は364メートルで、町田市の最高峰です。以前は365メートルといわれていたことから、地元では「一年山」とも呼ばれています。八王子市、神奈川県津久井町(現・相模原市)の境界線上にあり、境川の源流でもあります。高尾山方面、城山湖方面、町田市大戸方面のハイキングコースになっています。
　この山に戦争末期の1944（昭和19）年から45（昭和20）年にかけて、国際電気通信株式会社の多摩送信所が建設されました。敷地は7万4000坪。高さ60メートルの木造無線塔を6基備えていました。日本のポツダム宣言を受諾した無線電信を世界に発信した送信所です。46（昭和21）年には施設のすべてが撤去され、現在、送信所跡地の記念碑が法政大学の敷地内にあります。

各地を巡った泉龍寺のまわり地蔵

　狛江市元和泉1丁目にある泉龍寺の子安地蔵尊は、子授け、安産、子育て祈願にと親しまれ、「和泉の地蔵さん」「まわり地蔵さん」などと呼ばれていました。

　今、地蔵は本堂に安置されていますが、江戸時代の中頃から1944（昭和11）年までは月の25日から翌月の22日まで、講中の家々を一夜ごとに巡行していました。その巡行地域は立川市、小平市、武蔵村山市などの多摩地域や、本所、神田などの23区内、埼玉県入間市など、広範な地域に及んでいました。

　厨子に入った地蔵は、しょいこで背負われたり、大八車のような小型の車に乗せられて行ったようです。地蔵を迎えた宿の家は、近所の子供たちに、もちなどを振る舞い、お年寄りたちは念仏を唱えたところもあります。二晩泊めると地蔵は泣くといわれ、一夜限りで次の宿へと送ったものです。

　送り込みの23日に巡行先の講中の人たちによって泉龍寺に送られてきた地蔵を前に、24日には境内に露店も出て大層にぎわったと伝えられています。

泉龍寺の子安地蔵尊

ENJOY&HISTORY

戦後、武蔵野市に5万人収容のスタジアム

　現在、多摩地域で5万人収容できる施設は味の素スタジアム（調布市）だけですが、戦後間もないころ、すでに武蔵野市に同規模のスタジアムがありました。

　1951（昭和26）年4月14日、東京6大学の春のリーグ戦で初めて使われた武蔵野競技場（武蔵野市緑町）は、当時の公認野球規則に則ったグラウンドで、5万人が収容でき、広い更衣室や売店、喫茶店、ビアホールなども備えた本格的なスタジアムでした。もともとは中島飛行機武蔵製作所跡で、通称グリーンパーク球場と呼ばれました。

　6大学のリーグ戦の後、5月にプロ野球の国鉄（現・ヤクルト）対名古屋（現・中日）、巨人対名古屋戦など、セ・パ両リーグで16試合、6大学19試合、夏の高校野球東京大会で31試合が行われましたが、翌年は1試合も行われませんでした。都心から遠いことや砂ぼこりが舞うなど不評だったようです。

　進駐軍に接収された神宮球場が52（昭和27）年に解除されたり、川崎球場や駒沢球場ができたりして、休止状態だった武蔵野競技場は59（昭和34）年11月、正式に廃止されました。

　球場の開業に伴って、中央線三鷹駅から武蔵製作所の引き込み線跡を利用した武蔵野競技場線（約3.2キロ）が敷設され、試合開催日には東京駅から直通電車が運行されましたが、競技場の廃止で廃線になりました。

　競技場の跡地は現在、ＵＲ都市機構の団地になっており、競技場線の面影はグリーンパーク遊歩道や堀合遊歩道（三鷹市）に見られ、玉川上水では鉄橋跡を確認できます。

新名物の「武蔵野地粉うどん」

　昔、武蔵野市は小麦生産がさかんで、日常的にうどんを食べていました。旧家では冠婚葬祭に必ず地元の小麦を製粉し、地粉にして、うどんを打って客をもてなしたり、振る舞ったりする習慣がありました。

　それを背景に生まれたのが「武蔵野地粉うどん」です。武蔵野市の新たな名物として、武蔵野市の食文化を伝承しつつ、新たに創り出したものです。武蔵野商工会議所が中心となり、地元の麺類組合、農協、ＮＰＯなどと連携して創りあげ、2008（平成20）年度「Musashinoごちそうフェスタ 物産・逸品市」のイベント会場で発表しました。

　当日は、地元関前5丁目の「武蔵野農業ふれあい公園」で収穫された小麦を製粉した地粉を使い、農協、ＮＰＯなどが手打ちで麺を作り、限定300食の「武蔵野地粉うどん」を提供して多くのお客が列をつくるほどの盛況でした。

　09（平成21）年1月から商品化した「武蔵野地粉うどん」は、武蔵野台地（埼玉県を含む）で栽培された小麦のみを使用し、コシが強く、歯応えと小麦の旨さが魅力です。

　また、汁は豚肉と長ねぎを煮た温かいしょうゆ味で、その汁に地元で収穫した季節の野菜を「糧（かて）」として入れ、うどんと一緒に食べるのが特徴です。

　いま、市内13店舗で食べられます。今後15店舗まで増やす予定ですが、同時に、市内産小麦の栽培を増やし、多くの店舗で武蔵野市産小麦の「武蔵野地粉うどん」を提供できるようにしていきたいと考えています。

ENJOY & HISTORY

巽聖歌が結んだ交流の輪

　秋風とともに舞い落ちる木の葉。木枯らしが吹くようになると、恋しくなるのが暖。たき火には風情があります。その妙を歌ったように感じるのが、童謡作家で詩人、歌人である巽聖歌（たつみ・せいか＝本名野村七蔵）が作詞した童謡「たきび」でしょう。

　聖歌は、1905（明治38）年、岩手県日詰町（現・紫波町）の鍛冶屋に生まれました。上京して北原白秋に師事、大正期から昭和の児童文学の世界を代表する詩人となり、詩情あふれる童謡や童話を広めました。新美南吉の死後、兄弟子として南吉の文学作品を世に出したことでも知られています。

　41（昭和16）年に発表された「たきび」は、仮住まいしていた中野区上高田付近の冬の情景を詠んだもので、豊島区清和小学校の先生だった渡辺茂が作曲しました。

　戦後間もない48（昭和23）年、現・日野市旭が丘に移り、亡くなる73（昭和48）年4月まで25年間暮らしました。戦後の教育界で児童詩の指導にあたり、日野第四小学校や七尾中学校など多くの校歌をつくりました。また63（昭和38）年から近くに住んだ詩人田中冬二や伊藤整らと交流していました。

　「たきび」の詩碑が同市旭が丘5丁目の旭が丘中央公園にあります。99（平成11）年に付近の商店主らでつくる「たきび会」が建立したものです。また、2005（平成17）年に日野市郷土資料館が開いた「巽聖歌生誕百年記念展」をきっかけに、旭が丘商工連合会は「巽聖歌に旭が丘の顔になってもらおう」と「第1回たきび祭」を企画、毎年冬に行われています。聖歌が結んだ交流の輪は、旭が丘と出身の紫波町で行われています。

　聖歌は八王子市中野山王町の喜福寺に埋葬されています。

宙に浮いた動物園を誘致した七生村

　2008（平成20）年5月5日に開園50周年を迎えた多摩動物公園（日野市程久保）は、入園者と動物との垣根のない動物園として人気が高い。

　終戦後、もともと狭かった上野動物園に多くの人たちが詰め掛けるようになったことから、東京都は1946（昭和21）年に上野動物園の10倍の敷地がある陸軍戸山学校跡に「新宿動物園」の建設を計画しました。着工を待つばかりとなった48（昭和23）年、連合軍の意向で断念させられました。その理由は、連合軍が資材を提供して都営住宅を建設する場所として、戸山学校跡地をあてたのでした。

　宙に浮いた大動物園計画を、いち早く誘致したのが観光立村を目指していた七生村（当時）と京王帝都電鉄（現・京王電鉄）でした。両者は動物園用地の買収を進め、その土地を七生村長の名で東京都に寄贈して多摩動物公園の礎を築きました。開園を早めるために、建築工事は京王帝都電鉄が引き受け、完成後に東京都に寄付したものです。

　最初の計画から10年後の56（昭和31）年に起工式が行われた多摩動物公園は、2年後の5月5日に開園しました。開園初日の人出は15万人とも25万人とも言われ、動物園の門から高幡不動駅まで人で埋め尽くされたといいます。

市民が運営する国際的なチェロ・コンクール
ガスパール・カサドの遺志継ぐ

2006（平成18）年11月に八王子市で復活した日本初の本格的な国際チェロコンクール「ガスパール・カサド国際チェロ・コンクールin八王子」は、市民が中心となって運営されており、世界でも稀なコンクールに育っています。

ガスパール・カサド国際チェロ・コンクールは、20世紀の偉大なチェリスト、ガスパール・カサドさん（1897－1966）の名を冠したコンクールです。カサドさんの死後、妻で日本人ピアニストの草分け的存在の原智恵子さんが主宰して始めたものです。

1969（昭和44）年からイタリア・フィレンツェで開催し、ミッシャー・マイスキーさんや上村昇さん、向山佳絵子さんら数多くの世界的なチェリストを輩出したコンクールです。

90（平成2）年に原さんが体調を崩し、帰国しましたが、第10回の開催をもって中断してしまいました。

原さんは帰国後、日本でのコンクール復活を希望し、活動を続けましたが、2001（平成13）年に帰らぬ人となりました。

その遺志を聞いた八王子市民有志がコンクールの復活に向けて立ち上がりました。日本でも本格的な国際音楽コンクールが浜松や仙台など各都市で誕生していますが、どれも行政主導型で、ガスパール・カサド国際チェロ・コンクールとは異にしています。

「ガスパール・カサド国際チェロ・コンクールin八王子」の公式ホームページはhttp://www.cassado-cello.jp/です。

COLUMN

多摩の産業振興、さらに活性化
製造業の活力、23区から多摩に移行
新たな産業支援拠点、昭島市に設立へ

(社)首都圏産業活性化協会事務局長　岡崎英人

近年、東京都の産業（製造業）は事業所数、製造品出荷額など、ともに減少傾向にあります。この減少基調は、23区及び多摩も同様ですが、劇的な変化として、製造品出荷額などが2002（平成14）年を境に多摩が23区を上回ったことがあります。このことは、東京都の製造業の活力が、23区から多摩に移行しているとも言えます。

これに呼応するように、多摩の産業支援は活発化の様相を示しています。まずは、01（平成13）年からスタートした経済産業省の産業クラスター計画があげられるでしょう。これは、産学官金の連携（地域の中堅中小企業・大学・自治体・金融機関などのネットワーク）により、イノベーションの創出を図る計画です。多摩は、ＴＡＭＡ協会（社団法人首都圏産業活性化協会）が推進機関である首都圏西部地区の地域産業活性化プロジェクト（ものづくり分野）に位置づけられています。

この計画の一環として、06（平成18）年にＪＲ青梅線・五日市線・八高線沿線地域の15の自治体・商工団体及びＴＡＭＡ協会が「青梅線沿線地域産業クラスター協議会」を組織し、自治体の枠を越えた広域的な支援に取り組んでいます。

また、東京都は、「都のものづくり産業の集積施策のあり方」(04年5月)において、区部と多摩の二極を意識した拠点整備を明らかにし、「東京都の産業支援体制の再整備に係る基本構想　ー産業支援機関の今後のあり方ー」(06年4月)において、多摩の本格的産業支援拠点を再整備することを掲げました。この新たな産業支援拠点については、09(平成21)年度中に昭島市に設立される予定です。

　さらには、「10年後の東京　〜東京が変わる〜」(06年12月)では、「広域多摩エリアを多摩シリコンバレーとして、首都圏にとどまらず、アジアを代表する産業拠点に発展させる」とし、多摩地域への産業支援を強く打ち出しています。

　以上のことから、多摩地区の産業振興は今後ますます活性化していくと考えられます。

青梅線沿線地域産業クラスター協議会の設立シンポジウムの様子＝首都圏産業活性化協会提供

COLUMN

大学と地域の連携
学術・文化・産業ネットワーク多摩の挑戦

(社) 学術・文化・産業ネットワーク多摩専務理事　細野助博

　地域はオープンシステムです。したがって、ヒト、モノ、カネ、情報も魅力的な地域を目指して移動を繰り返します。グローバリゼーションの影響で、現在、国境もその障害ではなくなりつつあります。競争が激しさを増す中、地域の魅力づくりはどの地域においても、待ったなしの重要課題です。地域の魅力をつくるためにはどうすればよいのでしょうか。

　地域の愛着や憧れを演出する魅力というものは、そこで暮らし、そこで学び、そこで遊び、そこで働く人たちがどのように魅力を感じるかに依存します。行政や企業、あるいはコミュニティーというものが個々バラバラでは到底魅力づくりはできないでしょう。

　このような状況は経済の発展段階とも関連してきます。情報や文化、アイデアなど、いわゆる創造的な要素が経済的価値を増進し、地域の魅力づくりの最大要因になっている今の時代において、もう1つの隠された組織が注目されつつあります。それが「大学」です。

　ひと昔前の大学は象牙の塔といわれ、孤高の存在であることに価値を見いだしてきました。しかし、大学の大衆化は「大学こそ立地産業である」という認識を改めて考えさせるきっかけになりました。大学にとっては、それが少子高齢化社会の到来によって、待ったなしの課題となり、地域とは何か、そして地域にとって大学とは何かを再検討させることになりました。その再検討が産学官の連携に大学

の目を向けさせ、地域に目を向けさせたわけです。

いってみれば、大学と地域の連携は時代的要請である、ということができるでしょう。では、その連携はいかにあるべきか。それは大学が若者を中心として構成されているわけですから、未来への視点が当然必要です。と同時に知の蓄積の場所、そして知の生産の場所であるという認識から、地域で生まれる知への渇望に最大限応える使命もあるわけです。

全国的に珍しい連携組織である「社団法人学術・文化・産業ネットワーク多摩」は、「学術」「文化」「産業」という3つの名詞を冠に抱いたことの意味を、以上の問題意識から広く世間に宣言するためにその名前がつけられた、ということをここにあらためて強調したいと思います。新しい多摩をひらく、新しい知、新しい人、新しい組織がお互いにシナジー効果をもって地域の夢を実現する、そのような理想的な姿を目指して誕生し、今活動を続けています。ネットワーク多摩のような産官学の連携組織が、疲弊しつつある全国の地域の活性化の1つのモデルケースになることを望んでやみません。ネットワーク多摩はこれからも、創造し、試行錯誤を繰り返し、未来に向う解決策を模索する、そのような実験団体でありたいと常に願っています。

大学生が主体で実施された「体験型」環境教育

COLUMN

ＩＴを活かしたまちづくり

株式会社まちづくり三鷹　シニアマネジャー　宇山正幸

　ＩＮＳ実験、ＳＯＨＯなどでＩＴ都市の評価を受けている三鷹市。このまちで、最近、どのようにＩＴが活用されているのかを２つ紹介します。

市民生活が豊かで、楽しく、便利に

　2007年に始まったユビキタス・コミュニティ推進事業は、行政サービスではなく、市民自身が生活の中で使うためのＩＴ投資が行われている珍しい例です。位置情報携帯利用の親子安心システムや地域ＳＮＳなど、ＩＴの活用によってくらしの豊かさなどが実感できる地域を目指しています。この事業の主要システム開発は、地元ＳＯＨＯ事業

者が取り組み、その1つの地域ＳＮＳ「ポキネット」は、市民の手によって運営され、利用者も千人を超えています。

地域の活性化を目指す

日本発のウエブ開発言語「Ｒｕｂｙ」。世界中が注目するこの言語は、現在主流の言語と比べて生産性が非常に高い点に特徴があります。開発コストが安いので、安く提供できるのです。また、オープンソースであるＲｕｂｙの特徴を生かして開発した図書館システムのビジネスモデルも、高い評価を得ています。導入自治体内のＩＴ会社にソースコードを開示することで、その会社が開発・保守を担うことを可能にします。自治体のＩＴ投資が、その地域内に行われることで、地域経済の活性化に寄与しようというモデルです。こうした動きに、多摩地域のＩＴ事業者がつくる「たまＩＴ戦略会議」も関心を示しており、ＩＴによる地域の活性化が広がりそうです。

注釈
○ＩＮＳ実験（Information Network System）
　光ファイバーを用いたデジタル通信の実験。
○オープンソース（Open Source）
　ソースコード（ソフトウェアの設計図）を公開して、さまざまな開発者の協力を得るための開発手法でつくられたソフトウエア
○たまＩＴ戦略会議
　多摩地域の自治体や商工団体などが、多摩地域にある企業のIT化促進と、地元中小ＩＴベンダーの活性化を推進することを目的として2009年1月に設立された団体

ナジックは
社団法人学術・文化・産業ネットワーク多摩の
理事会社として以下の事業を支援しています

「ネクストキャリアセンター」の ワンストップサービス

「ネクストキャリアセンター」では、大学、行政、東京しごとセンターなどと連携し、「第二新卒」を中心に若者の就職支援のために、カウンセリング・研修・マッチングまでのワンストップサービスを行っています。この「実践型学習支援システムの構築事業」は平成21年度文部科学省の委託事業に採択されています。

「一人暮らしの学生のトータルケア」では一人暮らしに必要な情報を提供

「一人暮らしの学生のトータルケア」では、遠方から多摩地域に進学される学生の方々のために「住居情報」「地域情報」「学生による生活情報」などを提供しています。

「留学生支援事業」でもナジックは事務局を担当

ネットワーク多摩が2008年度から中期新事業としてスタートしている「留学生支援事業」。この事業は多摩地域の大学が留学生混住寮を共同利用しようというもので、「国際学園都市多摩」の構築を目指すものです。この事業では、教育支援や就職支援などのトータル支援も計画しています。

多摩・武蔵野の魅力を再認識できる「多摩・武蔵野検定」

地域活性化にはその地域をよく知ることが重要です。「多摩・武蔵野検定」は多摩・武蔵野の魅力を再認識するよい機会です。ナジックはネットワーク多摩の会員企業として「多摩・武蔵野検定」を応援しています。

学生のひとり暮らしなら、 ナジック 検索 http://**749.jp**

東京本部	町田店	立川店
〒150-0001 東京都渋谷区神宮前5-52-2 青山オーバルビル10階 TEL.03-5466-1200	〒194-0013 東京都町田市原町田6-13-20 アズ・ハーツ33 6階 0120-749-339	〒190-0023 東京都立川市柴崎町2-2-1 KSビル3階 0120-749-042

●京都本社 ●東京本部
●仙台支社 ●東京支社 ●名古屋支社 ●京都支社 ●大阪支社 ●広島支社 ●福岡支社

株式会社 学生情報センター
[支援団体]
(財) 学生サポートセンター （文部科学省所管）
(財) 知的資産活用センター （経済産業省所管）
(社) 学術・文化・産業ネットワーク多摩 （文部科学省所管）

学生が、もっと輝く環境を。

nasic

多摩川夢の桜街道
八十八カ所　桜の名所を
　　　　　　　巡ってみませんか

東京・山梨・神奈川の1都2県、30市区町村にまたがる全長138kmの多摩川。その流域・水系には見事な桜並木や樹齢200年を越す古木の1本桜などが数多くあり、春になると美しい花を咲かせます。「多摩川夢の桜街道～桜の札所・八十八カ所」は「美しい多摩川フォーラム」が選定した桜の名所です。願いごとをたずさえて、桜の名所巡りをしてみませんか。

1番	大師橋右岸堤防桜並木 （川崎市川崎区殿町）
2番	等々力緑地 （川崎市中原区等々力）
3番	多摩川等々力土手桜並木 （川崎市中原区等々力）
4番	六郷橋緑地堤防桜並木 （大田区南六郷）
5番	池上本門寺・本門寺公園 （大田区池上）
6番	ガス橋緑地堤防二十一世紀桜並木 （大田区下丸子）
7番	桜坂と六郷用水 （大田区田園調布本町）
8番	多摩川台公園 （大田区田園調布）
9番	洗足池公園 （大田区南千束）
10番	九品仏浄真寺 （世田谷区奥沢）
11番	等々力不動尊 （世田谷区等々力）

21番 稲城多摩川桜堤
稲城北緑地公園から是政橋までの多摩川堤1.7kmにソメイヨシノ187本が一斉に花開く。約23haの緑地公園は週末に多くの人で賑わう。JR南武線稲城長沼駅徒歩15分。

12番	多摩堤通り桜並木 （世田谷区玉川〜野毛）
13番	馬事公苑 （世田谷区上用賀）
14番	都立砧公園 （世田谷区砧公園）
15番	妙法寺 （世田谷区大蔵）
16番	きたみふれあい広場周辺 （世田谷区喜多見）
17番	二ケ領用水・宿河原 （川崎市多摩区宿河原）
18番	生田緑地・枡形山 （川崎市多摩区枡形）
19番	よみうりランド （川崎市多摩区菅仙谷）
20番	三沢川桜並木 （稲城市東長沼）
21番	稲城多摩川桜堤 （稲城市大丸）
22番	都立桜ヶ丘公園 （多摩市連光寺）
23番	乞田川桜並木 （多摩市乞田）
24番	吉祥院 （多摩市豊ヶ丘）
25番	川井家の枝垂れ桜 （多摩市鶴牧）
26番	富士見通り桜並木 （多摩市落合〜鶴牧）
27番	大栗川桜並木 （八王子市下柚木〜堀之内）
28番	富士見台公園 （八王子市下柚木）

29番 根川桜並木
多摩川と並行する根川沿い約1kmにソメイヨシノ300本が咲く。近くには土方歳三ゆかりの石田寺や土方歳三資料館がある。多摩モノレール万願寺駅徒歩15分。

38番　多摩森林科学園
著名な桜の遺伝子を保存する「サクラ保存林」には緑色の花をつける「御衣黄」など珍しい桜か2月中旬〜5月中旬に順次咲く。JR中央線高尾駅徒歩10分。

29番	根川桜並木	(日野市石田)
30番	高幡不動尊金剛寺	(日野市高幡)
31番	向川原堤緑道	(日野市南平)
32番	都立平山城址公園	(八王子市堀之内)
33番	都立長沼公園・殿ヶ谷の道	(八王子市長沼町)
34番	浅川河川広場周辺	(八王子市元本郷町)
35番	南浅川桜並木と都立陵南公園	(八王子市長房町)
36番	大光寺	(八王子市初沢町)
37番	金南寺	(八王子市西浅川町)
38番	多摩森林科学園	(八王子市廿里町)
39番	浄福寺	(八王子市下恩方町)
40番	創価大学	(八王子市丹木町)
41番	都立滝山公園	(八王子市丹木町、高月町)
42番	都立秋留台公園	(あきる野市二宮)
43番	多摩川土手沿い桜並木	(狛江市元和泉)
44番	西河原公園	(狛江市元和泉)
45番	多摩川住宅さくら通り	(狛江市西和泉)

45番　多摩川住宅さくら通り
西河原公園の上流にある多摩川住宅に沿って140本の桜並木が続く。近くに多摩川を詠んだ万葉歌碑がある。小田急線狛江駅徒歩15分。

55番　府中多摩川かぜの道
多摩川沿いのサイクリングロード「かぜの道」の関戸大橋から下流に470本のソメイヨシノが咲く。京王線中河原駅徒歩5分。

46番	野川桜並木 （調布市佐須町）
47番	都立神代植物公園 （調布市深大寺元町）
48番	都立野川公園 （調布市野水）
49番	国際基督教大学 （三鷹市大沢）
50番	都立武蔵野公園 （府中市多磨町）
51番	野川沿いの紅枝垂れ桜 （小金井市中町、前原町）
52番	都営多磨霊園と南参道 （府中市多磨町、紅葉丘）
53番	府中桜通りと府中公園 （府中市府中町、寿町）
54番	大國魂神社 （府中市宮町）
55番	府中多摩川かぜの道 （府中市是政）
56番	日立中央研究所庭園 （国分寺市東恋ヶ窪）
57番	都立井の頭恩賜公園 （三鷹市井の頭、 　　武蔵野市御殿山）
58番	都立小金井公園 （小金井市桜町）
59番	玉川上水緑道 （小金井市貫井北町、 　小平市上水本町など）
60番	狭山・境緑道 （小平市美園町、花小金井）
61番	都立狭山公園と多摩湖 （東村山市多摩湖町、 　東大和市多摩湖）

64番　六道山公園
山桜を中心に500本が咲く。展望台から見る桜は絶景。富士山や新宿高層ビル、横田基地から飛び立つ軍用機などが眺められる。JR八高線箱根ヶ崎駅徒歩30分。

65番　大学通り
国立駅南口の「大学通り」は両側に190本の桜並木が続く名所。「新東京百景」「環境色彩10選」などに選ばれている。JR中央線国立駅。

62番	野山北公園自転車道 (武蔵村山市三ツ木、本町)
63番	狭山池公園 (瑞穂町箱根ヶ崎)
64番	六道山公園 (瑞穂町石畑)
65番	大学通り (国立市東、中)
66番	さくら通り (国立市富士見台)
67番	根川緑道と立川公園 (立川市柴崎町、錦町)
68番	国営昭和記念公園 (立川市泉町、昭島市郷地町、福島町)
69番	昭和公園 (昭島市東町)
70番	くじら運動公園 (昭島市宮沢町)
71番	福生多摩川堤防 (福生市南田園、北田園)
72番	羽村取水堰と玉川上水 (羽村市玉川)
73番	桜づつみ公園 (羽村市羽中)
74番	人里の枝垂れ桜 (檜原村人里)
75番	龍珠院 (あきる野市乙津)
76番	光厳寺 (あきる野市戸倉)
77番	広徳寺 (あきる野市小和田)
78番	都立小峰公園 (あきる野市留原)

68番 国営昭和記念公園
1500本の桜が咲き乱れる。散策を楽しむには「水鳥の池」のほとりの桜並木、弁当を広げるなら「みんなの原っぱ」がおすすめ。JR青梅線西立川駅。

72番 羽村取水堰と玉川上水
400本のソメイヨシノが咲く都内有数の桜スポット。毎年4月第2日曜には神輿の川渡りが行われ、見物客で賑わう。JR青梅線羽村駅徒歩15分。

79番	塩田耕地堤 （日の出町平井）
80番	釜の淵公園 （青梅市駒木町）
81番	金剛寺 （青梅市天ケ瀬町）
82番	梅岩寺 （青梅市仲町）
83番	海禅寺 （青梅市二俣尾）
84番	御岳渓谷 （青梅市沢井、御岳）
85番	奥多摩湖畔・大麦代 （奥多摩町原）
86番	三ツ子山 （山梨県小菅村白沢）
87番	丹波山渓谷・のめこい湯周辺 （山梨県丹波山村丹波）
88番	一の瀬高原・金鶏寺 （山梨県甲州市塩山一ノ瀬高橋）

82番　梅岩寺
山門のしだれ桜は青梅市の天然記念物に指定されている名桜。枝ぶりもよく女性的。裏山の斜面には力強く男性的なしだれ桜がある。JR青梅線青梅駅徒歩3分。

その他の桜の名所

●尾根緑道（町田市）
尾根緑道の大賀藕絲（ぐうし）館から常盤台までの1.5kmにソメイヨイノ、山桜など450本が花開く。小田急線町田駅西口の町田バスセンターからバス、唐沢下車。

●東大農場（西東京市）
200mにわたり2列に植えられたソメイヨシノが見事な花を咲かせる。農場内には放牧場やポプラ並木も広がる。平日昼間のみ開放。西武新宿線田無駅徒歩8分。

多摩地域のご当地ソング

	曲　名	作　詞	作　曲
八王子市	八王子ブルース	清水稔子	清水晃夫
	めぐり逢い八王子	清水晃夫	清水晃夫
	新・八王子音頭	阿部昭三	清水晃夫
	絹の道～わが町・八王子に捧げる	本田孝四	本田孝四
	八王子平成音頭		
	銀杏並木の恋の歌		
	高尾山音頭	沢登初義	古谷宏
	恋の陣場高原	井田誠一	吉田正
	太陽おどり～新八王子音頭	井田誠一	いずみ・たく
	八王子市歌	北原白秋	山田耕筰
	八王子子ども音頭	八王子市子ども音頭委員会／作詞・作曲	
	八王子市子ども会の歌	薄井益太郎	石井光
立川市	たったひとつのふるさと	加藤美和作詞・長井則文補作詞	長井則文
	立川音頭	三木鶏郎	三木鶏郎
	新作立川音頭	池野美千留	小沢直与志
	立川小唄	大関五郎	田中豊明（ピアノ曲）
			町田嘉章（三絃曲）
	立川市民歌	野原正作	山内一明
	そうだんべ西砂音頭	小林慶彦	小森満喜枝
	音頭とるなら西砂音頭	笠井信吾	笠井信吾
武蔵野市	井の頭音頭	野口雨情	森義八郎
	むさしの音頭	荒木茂子／選定委員会（補作詞）	小池利宏
	武蔵野さくら音頭	大庭義隆	北英夫
	武蔵野市民の歌	飯沢滋子	中田喜直
三鷹市	三鷹市民の歌	川西新太郎	芥川也寸志
	井の頭音頭	野口雨情	森義八郎
	三鷹音頭		
青梅市	青梅市民の歌	吉岡敬一郎	石井光旋律／下総皖一補修編曲
	あおうめ青梅	小山章三	宮沢章二
	多摩の夏	小山章三	宮沢章二
	御岳山ごくろうさん	小山章三	宮沢章二
	青梅街道しぐれ唄	小山章三	宮沢章二
	走れ青い風～青梅マラソン讃歌	小山章三	宮沢章二
	ぼたから青梅音頭	東京都福祉局西多摩保健所	東京都福祉局西多摩保健所

誕生	発売	歌　　手	備　　考
		沢あきら・クリ三浦	
	2002	一文字彩・川島喜郎	
	2002	沢あきら・クリ三浦	
	2002	一文字彩	解説書に振付け図あり
		本田孝四	
	2005	五月恵美	解説書に振付け図あり
	2005	五月恵美	八王子銀杏祭イメージソング
		真木ことみ	
		三田明	
		佐良直美	解説書に振付け図あり
		八王子市民合唱団	
			楽譜と振付け図のみ所蔵
			楽譜のみ所蔵
1982	1982	天地総子	クリーンふるさとまつり大会実行委員会作成
1963	1982	斉藤優美子	クリーンふるさとまつり大会実行委員会作成
1973	1982	斉藤優美子	クリーンふるさとまつり大会実行委員会作成
1930	1982	斉藤優美子	クリーンふるさとまつり大会実行委員会作成
1957			
2003		佐藤鬨月	西砂川地区文化会有志による自主制作
2003		青木昌代	西砂川地区文化会有志による自主制作
1935		吉沢浩、香川万知子	
1977	1977	長久保梓、若松啓三	
1993	1994	鎌田英一	
1962	1977	長久保梓,ムサシノジングアカデミー	
1935			
1936			市制施行10周年記念
			西多摩地域を身近に感じながら食べる力を維持するために作成された、介護を必要とする高齢者のためのオリジナル"健口"体操。

	曲　名	作　詞	作　曲
府中市	府中市の歌	村野四郎	平井康三郎
	府中市行進曲	なし	平井康三郎
	府中小唄	野口雨情	中山晋平
	府中音頭	池田誠一郎	ダニー飯田
	府中小唄	野口雨情	中山晋平
	幸福をよぶ町	松井由利夫	近江俊郎
	中央フリーウェイ	荒井由実	荒井由実
昭島市	昭島音頭	永井白涓	町田嘉章／松尾健司（編曲）
	昭島サンヤレ節	永井白涓	町田嘉章／松尾健司（編曲）
	昭島くじら音頭	藤岡均	和田香苗／佐伯亮（編曲）
	昭島くじらのうた	梅田智津子／榊原広子（補作詞）	榊原政敏／喜納政明（編曲）
	新あきしま音頭	内田康雄	中山大三郎／庄司瀧宏（編曲）
	お地蔵さんのうた	田澤茂	田澤茂／村山祐季子／岩垂徳行
	昭島YOSAKOI　江戸のへそ	遠藤翔	岩垂徳行／宮本毅／岩垂徳行（編曲）
調布市	調布音頭	藤間哲郎	山口俊郎
	調布小唄	土屋忠司	細田義勝
	調布（てつくり）盆唄	葵秀葉	葵秀葉
	五宿馬方節	葵秀葉	葵秀葉
	調布（てつくり）布さらし唄	葵秀葉	葵秀葉
	多摩筏乗り唄	葵秀葉（補作詩曲）	葵秀葉（補作詩曲）
	調布ふるさと音頭	葵秀葉	葵秀葉
	調布深大寺おどり	あいたかよ	あいたかよ
	深大寺音頭	民謡	葵秀葉・東ひかる
	調布市民のうた	鈴木登美子	高野美代子
町田市	町田音頭	金子一男	明本京静
	町田市市歌	花田鶴彦	明本京静
	第1回「町田市民の歌」ふるさと町田よ	源田多美子	源田俊一郎
	第2回「町田市民の歌」であうまち	古内美也子	鶴谷祐子
	みつめ囃子		
	悠久の小野路	小宮春吉	道志郎
	小野路音頭	小宮春吉	道志郎
	田端音頭	鈴木時正	稲沢祐介
小金井市	小金井音頭	石本美由紀	上原げんと
	小金井シャンソン	石本美由紀	上原げんと

誕生	発売	歌　　手	備　　　　考
1969	1988	立川清澄	演奏：ビクターオーケストラ
	1988	なし	
1932	1988	小唄勝太郎	
1963	1988	坂本九	A面(幸福・・・のA面)
1932	2004	北島三郎／木谷有里	市制50周年記念
1963	1963	香山リカ	東芝EMI：B面(府中音頭のB面)
1976	1976	荒井由実	アルバム「THE 14th MOON」に収録
		伊藤満	昭島市・昭島観光協会制定
		島倉千代子	昭島市・昭島観光協会制定
1983		わかばちどり	TAMAらいふ21昭島くじら祭実行委員会(昭島市商工会)
1983		ダ・カーポ	TAMAらいふ21昭島くじら祭実行委員会(昭島市商工会)
1984		都はるみ	昭島市制30周年記念
1991		稲村なおこ	広福寺地蔵まつり
		宮本毅	昭島市商工会
	1962	三橋美智也	調布市観光協会企画　キングレコード　A面
	1962	照菊	調布市観光協会企画　キングレコード　B面
		葵秀葉	テイチクレコード　A面
		葵秀葉	テイチクレコード　A面
		貝野恵美／池田宏美 木内麻砂美／岩田みどり 真田公江／助田亜香音	テイチクレコード　B面
		葵秀葉	テイチクレコード　B面
		貴舟洋子	調布市観光協会推奨歌
		葵秀葉／貴舟洋子	調布市観光協会推奨歌
		葵秀葉／東ひかる	
1975			市制20周年記念歌／発売・配布はなく、広報課でダビング
1963			『わたしの便利帳』2001年2月発行『日本のおどり』日刊スポーツ社1978年
1963			『わたしの便利帳』2001年2月発行
1989			『わたしの便利帳』2001年2月発行
1992			『わたしの便利帳』2001年2月発行
		三ツ日囃子振興会演奏	図書館には資料登録なし
		藤田誠	
		藤田誠	
	東京三 多摩郷土 芸能協会	歌　　高橋　ミヤ 三味線　小泉　愛子 太　鼓　木下多紀知	図書館には資料登録なし
1952		加藤雅夫・久保幸江	小金井市観光協会編「こがねい'65」掲載、テープで保存
1952		鶴田六郎	小金井市観光協会編「こがねい'65」掲載、テープで保存

	曲　名	作　詞	作　曲
小平市	小平市歌	勝承夫	下総皖一
	小平音頭	横沢千秋	葉山太郎
日野市	日野市歌「緑のまち」	日野市中学校教育研究会音楽部会	
	日野音頭	森寿美子/石本美由起（補作）	遠藤実
	日野バット節	石本美由起	竹岡信幸
	平山節	平山青年会	杉山連一
	日野市と共に	井上敏夫	井上敏夫
東村山市	健康よこんにちは～東村山市体育の歌	須田茂樹	山田賀三
	いつもみんないっしょ ～東村山市いのちの詩・こころの詩	玉谷祥平・四元陽香	中川ひろたか
	東村山音頭	土屋忠司	細川潤一
	多摩湖小唄	土屋忠司	細川潤一
	東村山音頭	土屋忠司	細川潤一
	志村けんの全員集合東村山音頭	土屋忠司	細川潤一
	東村山音頭パラパラVersion	土屋忠司	細川潤一
	東村山めぐり	坂上佳鵬	原賢一
	東村山小唄	坂上佳鵬	原賢一
	東村山四季の詩	水野とも子	星桂三
国分寺市	国分寺音頭	門井八郎	長津義司
	国分寺小唄	門井八郎	久慈ひろし
	国分寺市の歌	渡辺登	笠原勤
国立市	くにたち音頭、くにたち囃子	国立市民謡育成会	
福生市	福生音頭	池野美千留/西沢爽（補作詞）	万城目正
	福生よいとこ	横井弘	山口俊郎（作編曲）
	ほたる小唄	横井弘	山口俊郎（作編曲）
	福生市の歌	設楽千代子/丘灯至夫（補作詞）	団伊玖磨
狛江市	こまえ音頭	田中一徳	今村まさる
東大和市	大和音頭		
	やまと棒村唄		
	輝く未来へ（東大和市の歌）	北川賢二	猪股研介
	夢色の羽根をA(東大和市イメージソング)	北川康宏	前多秀彦
	夢色の羽根をB(東大和市イメージソング)	北川康宏	橋本裕子
清瀬市	清瀬讃歌	星野哲郎	池辺晋一郎
東久留米市	東久留米音頭	サトウ・ハチロー	田中利光
	花の咲く街～東久留米市民の歌	宮沢章二	田中利光
武蔵村山市	村山音頭	野村俊夫	上原げんと
	村山小唄	野村俊夫	上原げんと
多摩市	多摩村音頭	下村静治	渡辺従義

誕生	発売	歌　　　手	備　　　　考
1954			こだいら市民便利帳に歌詞・楽譜あり
1963			小平市三十年史に歌詞掲載
1983		芹洋子	
1981		花村菊江／鳴海日出夫	
1981		島倉千代子	
1953			『記念誌ひらやま』(2006年)掲載
		小林和子	
1975	1975	東村山市民合唱団	
2005			
1961	1999	三橋美智也・下谷二三子	
		春日八郎・大津美子	
1961	1976	平田満	
1976	1976	志村けん	
2001	2001	Yunica ver.21	
2005	2005	坂上佳鵬	
		坂上佳鵬	
2004	2004	水野とも子	自主制作
1965		三波春夫	
1965		姫之宮ゆり	
1979		芹洋子・多摩少年少女合唱団	
1977			三味線譜
1977	1977	都はるみ／杉良太郎	
1972	1972	三橋美智也	
1972	1972	平坂光枝	
1980	1980	三鷹淳	
1977		横山康夫・須田真立・林満喜夫	複製CT・CD作成所蔵
		葵　ひろ子・鎌田英一	
		大和町有志	
1994	1994	ミュージック・クリエーション	
1994	1994	松村恵理	
1994	1994	松村恵理	
1997	1997	清瀬室内合唱団	指揮：碓氷秀和　ピアノ：三好愛
1971	1971	三橋美智也	
1971	1971	天地総子	
1953	1953	久保幸江、鶴田六郎	『武蔵村山市史　通史篇　下巻』(2003)掲載
1953	1953	コロムビア・ローズ、村岡十九夫	『武蔵村山市史　通史篇　下巻』(2003)掲載
1956	2007	多摩村合唱団	SP盤レコードの復刻

	曲　名	作　詞	作　曲
多摩市	多摩村音頭	下村静治	渡辺従義
	多摩音頭	水戸はるの／東芝EMI制作部(補作詞)	植村亨
	帰って来ておくれ～自然を守る唄	植村亨	植村亨
	空は虹晴れ～多摩市民の歌	清水みのる	小田紀子
稲城市	稲城繁盛節		
	稲城梨唄		
羽村市	このふるさとに	能登濱吉／内山登美子(補作詞)	中田喜直／若松正司（編曲）
	出会いの街	中島敬子／内山登美子(補作詞)	高木東六／前田俊明（編曲）
	羽村体操		津野　陽二
あきる野市	秋川音頭	板本スミ子／吉川静夫(補作詞)	小沢直与志
	秋川小唄	近藤愛子／吉川静夫(補作詞)	小沢直与志
	秋川市の歌	岩下トヨ／伊吹とおる(補作詞)	弦てつや／山田年秋（編曲）
	秋川スポーツ音頭	伊吹とおる	弦てつや／山田年秋（編曲）
	尾崎音頭	伊吹とおる	原田みのる
	尾崎小唄	宇多栄	原田みのる
	新五日市音頭	林十四路	三界実義／松尾健司（編曲）
西東京市	田無音頭	土屋忠司	細川潤一
	田無小唄	土屋忠司	細川潤一
	保谷の餅つき唄(こね唄)		
	保谷音頭		
	大好きです、西東京(音頭バージョン)		小椋佳／川辺真（編曲）
瑞穂町	瑞穂町歌	福井水明	斎藤高順
	瑞穂音頭（東京,瑞穂町）	浜大介	白石十四男
日の出町	日の出音頭	杉山　泉	森田秀美／佐藤亘弘（編曲）
	日の出小唄	松沢美声	
	ユートピア　ひので理想郷	平野まち子／榊原広子(補作詞)	榊原政敏／喜納昌明（編曲）
	ひので温泉音頭	田中春次／島田陽子（補作詞）	池田八声
檜原村	檜原音頭	伊吹とおる	原田みのる
	檜原山唄	伊吹とおる	原田みのる
	茅刈り唄		
奥多摩町	湖底の故郷	島田磬也	鈴木武雄

誕生	発売	歌　　　手	備　　　　考
1956	2007	高山佳子	
1981	2007	高山佳子	EP盤レコード復刻
	2007	高山佳子	
1981	2007	高山佳子	EP盤レコード復刻
	2007	田中美佳	
1976			『市政要覧(1975年版)』掲載
1970年代			
1970年代			
1991		ボニージャックス	羽村市制施行記念
1991		芹　洋子	羽村市制施行記念
		E・H・エリック／ナレーター 音通コーラス／コーラス	EP盤レコードより複製
		鈴木正夫／鹿島久美子	
			市丸　　「秋川音頭」B面
1987	1987	弦てつや	
1987	1987	弦てつや／藤野とし恵	EP盤レコード「秋川市の歌」B面
		藤野とし恵	
		藤野とし恵	「尾崎音頭」B面
1979	1979	花村菊江／松下真也	
1962		三橋美智也・下谷二三子	
1962		福原千恵子・藤村太郎	
1985		石田照朝	米谷一郎　採譜　SP盤レコード
			保谷市制作　カセットテープへの複製版解説書なし
2004	非売品	星野勇人	西東京市誕生3周年記念制作「西東京市歌」(音頭振付ビデオ有り)
1974		長門美穂・友竹正則	
1974		三橋美智也	
1978		三橋美智也	
1978		江崎はる美	
1993		ダ・カーポ	日の出町町制施行20周年記念
1996		嶺よう子	生涯青春の湯・ひので三ツ沢つるつる温泉誕生記念
		江崎はる美	
		三橋美智也	
		浜中浩・小林梅子	檜原村伝承古謡
1937		東海林太郎	小河内ダムに沈んだ小河内村を歌ったもの。 戦後、歌碑が建てられた

だるま市

12月31日〜1月3日　雲龍寺だるま市
元日は午前9時ごろから、3日は11時から、だるまのお焚きあげ。京王線山田駅から徒歩7分。

1月1日　阿豆佐味天神社立川水天宮
午前0時から5軒が出店。JR立川駅北口からバス箱根ヶ崎行き、三ツ藤行き、砂川四番下車。

1月2日〜3日　拝島大師だるま市
境内に多摩だるまを中心に600軒ほどが出店。JR立川駅北口からバス拝島営業所行き、拝島駅行き、大師前下車。

1月9日〜10日　子安神社だるま市
10日は午前のみ。京王八王子駅から徒歩5分。

1月10日　五日市街道だるま市
9時から売り切れまで。JR五日市線武蔵五日市駅からほど近い五日市街道沿い。

1月12日　青梅だるま市
JR青梅駅に近い旧青梅街道沿いの約650メートルにわたって、多摩だるまを扱う40軒ほどの露店を中心に300軒ほどが軒を連ねる。

1月28日　高幡不動尊初不動大祭・だるま市
関東各地のだるま屋が集まる。京王線高幡不動駅から徒歩2分。

3月1日・4月1日　総持寺だるま市
江戸時代の田無宿で1と6の日に行われていた「一六の市」のなごりのだるま市。西武新宿線田無駅北口から徒歩5分。

3月1日　小川寺だるま市
西武拝島線東大和市駅から青梅街道沿い徒歩15分。

3月3日〜4日　深大寺だるま市
京王線つつじヶ丘駅、JR三鷹駅南口からバス深大寺下車。

七福神めぐり

　七福神は、一般的にインドの神である大黒天、毘沙門天、弁財天と、中国の福禄寿、寿老人、布袋尊、日本の恵比寿で構成されている。

東久留米市（西武池袋線東久留米駅）
　黒目川と落合川沿いにある寺を巡る。コース途中に小山台遺跡公園や竹林公園などがあり自然が豊か。多聞寺近くの南沢緑地保全地域に湧水が噴き出している。約3時間コース。
　浄牧院（大黒天）－宝泉寺（弁財天）－（竹林公園）－（南沢緑地）－多聞寺（毘沙門天）－米津寺（布袋尊）－大圓寺（恵比寿・福禄寿・寿老人）

調布市（京王線仙川駅）
　街中のにぎわいや野川ののどかな光景なども楽しい。約3時間コース。
　昌翁寺（寿老人）－明照院（弁財天）－（野川）－祇園寺（福禄寿）－深大寺（毘沙門天）－西光寺（大黒天）－大正寺（恵比寿）－常性寺（布袋尊）

日野市（京王線高幡不動駅）
　丈六不動三尊など重要文化財が多い高幡不動尊、平安時代の毘沙門天をまつる安養寺など、途中に新選組副長・土方歳三の墓のある石田寺があり、約5時間のコースは史跡めぐりでもある。
　安養寺（毘沙門天）－石田寺（福禄寿）－真照寺（恵比寿）－高幡不動尊（弁財天）－延命寺（寿老人）－善生寺（大黒天）－宗印寺（布袋尊）

八王子市（京王線・JR中央線八王子駅）
　八王子の七福神は吉祥天を加えた八福神。約5時間のコース。
　毘沙門堂（毘沙門天）－成田山伝法院（恵比寿）－金剛院（寿老人・福禄寿）－信松院（布袋尊）－善龍寺（大黒天）－了法寺（弁財天）－吉祥院（吉祥天）

青梅市（JR青梅線青梅駅）
　昭和の映画看板をはじめ、古い街並みと多摩川の景観に一見の価値がある。約5時間コース。
　聞修院（寿老人）－延命寺（大黒天）－宗建寺（毘沙門天）－玉泉寺（弁財天）－地蔵院（布袋尊）－清宝院（恵比寿）－明白院（福禄寿）

福生七福神まつり　4月10日、福生市熊川の熊川神社（JR五日市線熊川駅から徒歩約10分）。夜8時ごろからの七福神神楽の上演は、華やかな衣装を身にまとって奉納。

町田市　高蔵寺（小田急線鶴川駅徒歩約20分）に七福神がある。
　開帳は3月3日のみ。

彩時季

2月
中旬の日曜日　青梅マラソン　10キロの部と30キロの部があり、約1万5千人が早春の青梅路を走る。JR青梅線河辺駅下車。

3月
上旬〜中旬の土、日曜日　三鷹の森アニメフェスタ　三鷹市芸術文化センター。アニメ映画の原画やグッズの販売。JR三鷹駅南口からバス調布行き、文化センター前下車。

21日ごろ　多摩センタースプリングフェスタ　多摩市のパルテノン大通り。多摩センターにあるテーマパーク「サンリオピューロランド」で活躍するキャラクターのハローキティたちに会える。スリルいっぱいの遊具や地元企業による各種企画がいっぱい。小田急・京王線多摩センター駅周辺。

下旬〜4月上旬　きよせカタクリまつり　清瀬市の清瀬中里緑地保全地域と清瀬せせらぎ公園、第四小学校。周辺に自生するカタクリなどの自然観察や竹トンボ作り、苗木・野菜などの販売も。西武池袋線秋津駅北口からきよバス清瀬駅北口行き第四小学校下車。

4月
第2日曜日　万葉花まつり　国分寺市の武蔵国分寺境内と史跡公園。会場は武蔵国の国分寺跡周辺。大判の百人一首を楽しみ、里神楽や野外コンサートを熱く公演。けまりも恒例行事。JR中央線国分寺駅南口から徒歩15分。

第2日曜日　神輿の多摩川渡御　11時ごろから30分ほど、羽村市の多摩川羽村堰下で地元八雲神社の神輿が川入り。水の中でもみ合う。JR青梅線羽村駅西口から徒歩10分。

中旬〜4月下旬　はむら花と水のまつり（チューリップまつり）　羽村市の多摩川沿い、根がらみ前水田。JR青梅線羽村駅西口から徒歩15分。

主に第3土、日曜日　昭島市・中神の獅子舞　16時ごろから日枝神社、日曜日10時ごろから熊野神社で。都内で数少ない12通りの舞が伝承されている東京都無形文化財指定の獅子舞。JR青梅線中神駅南口から徒歩10分。

28日　八雲祭　小平市小川町。江戸時代に流行り病をしずめるためにスサノオノミコトをみこしに乗せたのが始まりと言われる祭り。28

日の宵宮で9基の大万燈が町内を巡る(18時〜20時)。29日は朝8時から夕刻まで神輿と太鼓の巡行。西武拝島線東大和市駅から徒歩15分、JR武蔵野線新小平駅から徒歩20分。

下旬〜5月初め　立川フラメンコ　JR立川駅南口、すずらん通りなど南口界わいで、パレードあり、ステージあり。通りは、華やかで情熱いっぱいのフラメンコであふれる。スペインの物産なども出店。

29日　吉祥寺音楽祭　5月2日〜6日、武蔵野公会堂、吉祥寺シアター、平和通り、井の頭公園、吉祥寺駅北口駅前広場など、街角で繰り広げられる音楽祭。JR中央線・京王井の頭線吉祥寺駅。

29日　たちかわ「はな・まち・こころ」〜春ステージ　JR立川駅前のはな広場、サンサンロード、国営昭和記念公園、駅前ペデストリアンデッキ。

30日　くらやみ祭　府中市宮町の大國魂神社。5月6日までの例大祭。こまくらべ(3日)、山車の練り歩き、萬燈大会(4日)。クライマックスは5日18時ごろから繰り広げられる御輿渡御。京王線府中駅から徒歩5分。

府中観光協会提供

5月

2日　青梅大祭　青梅市住吉町の住吉神社を中心に青梅街道沿いで12の山車が3日も繰り出す。「けんか囃子」といわれる山車同士の競り合いが見もの。町内に展示される山車人形は江戸末期の人形師が腕をふるったものとか。JR青梅線青梅駅下車。

5日ごろ　福生大凧あげ　13時、多摩川河川敷の中央公園。畳2枚もある大タコも。JR青梅線福生駅西口から徒歩20分。

第2土、日曜日　ひの新選組まつり　日野中央公園。新選組副長・土方歳三の命日にちなんで、この時期に開催。ミスター土方や各隊士に選ばれた新選組隊士コンテストをはじめ、メーンの日はコンテスト入賞者など総勢400人が街を練り歩くパレードが行われる。パレードは午前が高幡不動尊周辺、午後は日野本町から日野中央公園まで。そのほか大道芸や模擬店、フリーマーケットなどでにぎやか。JR中央線日野駅から徒歩15分。

第2日曜日　こだいらグリーンフェスティバル　小平市中央公園グラウンド。草花の展示即売、植物の育て方講習、種・苗の交換会、巣箱づくりなど緑に関してさまざまに楽しめる。西武国分寺線鷹の台駅下車。

下旬　わんぱく相撲西東京場所　9時−16時、田無神社。相撲を通じて子供たちの成長を願って開く。上位勝ち抜き者は東京都大会へ出場。西武新宿線田無駅北口から徒歩5分。

下旬　空堀川・川まつり　東村山市を流れる空堀川第2天皇橋付近から浄水橋付近の川原で川に親しむイベントが多彩。西武新宿線久米川駅から徒歩5分。

下旬　深大寺・薪能　京王線つつじヶ丘駅、JR中央線三鷹駅南口からバス深大寺下車。

6月

中旬　ふっさ環境フェスティバル　福生市の多摩川中央公園。「環境にやさしいライフスタイルと自然との共生」をテーマに、市民と市内の企業が開く。多摩川生き物観察、花の苗無料配布など普段の生活の中から環境にどのように触れていくかが体験できる。JR青梅線牛浜駅から徒歩20分。

第2土曜日　福生ほたるまつり　福生市南田園のほたる公園(玉川上水・青梅橋付近)。福生ほたる研究会のメンバーが、ホタルの乱舞を夢見て1年間で育ててきた成果を見せる。JR青梅線牛浜駅から徒歩10分。

7月

第3日曜日　狛江古代カップ　多摩川いかだレース　狛江市の多摩川・通称「五本松」から川崎市多摩区宿河原堰手前までの約1.3キロを、手作りいかだで下る。レース参加は要申込。ゴールは小田急線和泉多摩川駅から徒歩5分。

20日　すもも祭(李子祭)　府中市宮町の大國魂神社。スモモのほか各種の露店が出る。源頼義・義家親子が奥州安倍氏平定の戦勝、戦勝参りでスモモを供えたことに由来する。江戸の里神楽の奉納、厄除けのからすうちわの頒布も。京王線府中駅から徒歩5分。

最終金・土曜日　小金井阿波おどり大会　JR武蔵小金井駅前と小金井街道を、30連以上が参加して熱く踊る。1978年から続く。

最終土曜日　久米川阿波おどり大会　西武新宿線久米川駅南口広場。八坂神社の神輿行列の後、18時から約10連400人ほどが駅前広場やモザーク通りなどを踊り狂う。

最終土、日曜日　踊れ西八夏まつり　JR中央線西八王子駅北口商店街。阿波踊り、よさこい踊り、民謡流しなど。

7～8月の日曜日　稲城フェスティバル　南武線南多摩駅にほど近い米軍施設「多摩レクリエーションセンター」を一般に開放してバンド演奏や模擬店などで日米の交流を図る。入場に条件がある場合がある。

8月

1日～3日　おらほせんがわ夏祭り　調布市仙川町の仙川商店街通りと駐車場。サンバや阿波踊りなどで商店街を踊る。京王線仙川駅下車。

第1木～日曜日　福生七夕まつり　JR青梅線福生駅西口周辺の商店街通り。手作りの七夕飾りで道路は、七夕のトンネルになる。模擬店など各種露店が軒を連ねる。例年40万人ほどの人出。

第1土曜日　小平・灯りまつり　18時半―21時、西武新宿線花小金井駅・小平駅間の小平グリーンロード(狭山・境緑道)沿い。小平に昔から伝わる祭り灯ろうを現代風に再現した。市民手作りの灯ろうの明かりが夏の夜の暑さを鎮める。

第1金～日曜日　八王子まつり　八王子駅北口の甲州街道、ユーロード周辺。日曜日夕方に19基の山車が出る。山車がぶつかり合う「五台山車辻合」は、迫力がある。囃子の掛け合いにも熱が入る。金曜日の氷彫刻展、土曜日の関東太鼓の合戦、民踊流しと連日のお楽しみが待っている。

第1土・日曜日　昭島市民くじら祭　昭島市昭和公園陸上競技場など。多摩川からクジラの骨格が出土したのをきっかけに生まれた祭り。ミニSL、和太鼓演奏、夜には花火が打ち上げられる。JR青梅線昭島駅南口からクジラの形をした工芸のパレードが繰り広げられる。JR青梅線東中神駅から徒歩5分。

第1土曜日　立川よいと祭り　JR立川駅北口、多摩都市モノレール下のサンサンロード。影武者などの絵が明かりに浮き立つ万灯神輿や山車のパレード、民踊流し、和太鼓演奏などが続く。

第3金～日曜日　羽衣ねぶたまつり　立川市羽衣町の東立川商店街通り。18時ごろから青森からやってくる「人形ねぶた」「扇ねぶた」が街に繰り出す。地元の新しい顔でもある「羽衣ねぶた」も。JR南武線西国立駅から徒歩5分。

中旬　三鷹阿波おどり　18時から21時、JR三鷹駅南口商店街。中央通りと駅前銀座通りをメーン会場に約30連が参加して踊る。三鷹での阿波踊りは40年以上続いている。

18日　払沢の滝ふるさと夏まつり　檜原村本宿の払沢の滝。流れ落ち

る滝に照明をあてて、幻想的な涼に親しむ。JR五日市線武蔵五日市駅からバス、払沢の滝入口下車。

下旬の土・日曜日　横田基地日米友好祭　9時から20時まで、横田基地の一部を開放。ステーキ、ドリンク、ビール、コンサート、航空機のデモンストレーションなどアメリカ一色の基地のお祭り。最終日の夜は花火が打ち上げられる。入場にパスポートなど写真付き身分証明を提示。JR青梅線牛浜駅から徒歩10分、第5ゲートから入場。

9月

1日　中里火の花祭り　18時から20時、清瀬市中里3丁目にある「中里富士山」。東京都無形民俗文化財の指定を受けている富士講の伝統行事。山梨県富士吉田市の火祭りにならって始まったとか。経文を唱えた後、クライマックスのお焚きあげ。富士山をかたどって積まれた麦わらに点火、夜空を焦がすほどに炎が高く上がる様は圧巻。西武池袋線清瀬駅から徒歩20分。

8、9日　しょうが祭り　あきる野市二宮の二宮神社。ショウガを食べて1年の無病息災を願う。境内や周辺の露店で軒を連ねてショウガを売る。神輿、山車が出るほか、夕刻から秋川歌舞伎が上演される。JR五日市線東秋留駅北口から徒歩5分。

中旬の土・日曜日　フェスタまちだ　町田市原町田の小田急線・JR横浜線町田駅周辺。次々と繰り出す沖縄エイサーチーム。本場の沖縄からもやってくる。模擬店会場では沖縄料理が楽しめる。

23日　泣き相撲神事　10時ごろから16時ごろまで、八王子市明神町の子安神社。元気に大声で泣く赤ちゃんに拍手。京王線京王八王子駅。

10月

初旬　芋煮会　11時からあきる野市引田のリバーサイドパーク一の谷。アユの伝統漁法なども披露。JR五日市線武蔵引田駅から徒歩20分。

中旬　お月見のつどい　小金井公園江戸東京たてもの園前広場。貫井囃子などの郷土芸能、野だて、多彩な楽器の演奏や鳴く虫のコーナーも。JR中央線武蔵小金井駅北口からバス公園西口または江戸東京たてもの園前下車。

下旬　村山デエダラまつり　武蔵村山市榎の日産自動車村山工場跡、プリンスの丘公園周辺。産業まつりにかわる新しい市民まつりで、郷土の良さを再発見しようと06年から始まった。古くから武蔵村山に伝わる「デエダラボッチ(大多羅法師)」という大男にまつわる民話的要素を地域活性化に向けた創造性に絡ませた。村山かてうどんの大食いや

デエダラボッチ山車の運行など盛りだくさん。西武拝島線玉川上水駅からバス、イオンモール行き、村山病院東下車。

最終金～日曜日　ハロウィンin多摩センター　京王・小田急・多摩都市モノレール多摩センター駅周辺。仮装コンテストをはじめ、大人も子供も楽しめる多彩なイベントが繰り広げられる。街を彩るディスプレイも華やか。40万人ほどの人出でにぎわう。連日10時ごろから17時半まで(最終日17時まで)。

11月
3日　正福寺の地蔵祭り　東村山市野口町の正福寺。地蔵堂の縁起解説、市無形民俗文化財の雅楽、浦安の舞が公開される。地蔵堂は、唐様建築の代表的な遺構で東京都唯一の国宝建築物。千体以上の像が安置されており「千体地蔵堂」とも言われる。門前では縁日も。西武新宿線東村山駅西口から徒歩20分。

初旬　天下市　JR中央線国立駅南口、大学通り。国立市商工会加盟各店が破格値で提供。1965年から続く青空感謝市。この時期、一橋大学の一橋祭、最終日は「くにたち秋の市民まつり」も加わり、"祭り天国"の通りとなる。

初旬　多摩センターイルミネーション　16時半ごろから多摩センター駅周辺。駅前の大通りは、40万個以上の電球で浮き上がらせるメルヘンの世界。高さ4.5メートルのハローキティをはじめ、動物やオブジェなどおとぎの国を演出。翌年初めまで。

中旬　青梅宿アートフェスティバル　おおむね10時から17時ごろまで、JR青梅線青梅駅前周辺。「昭和レトロの街」を売り出している青梅市中心街。大道芸、懐かしい遊び、粋な遊び、茶屋など、駅前通りはおもしろ観いっぱい。

中～下旬の土、日曜日　八王子いちょう祭り　JR中央線西八王子―高尾駅間の甲州街道。追分交差点付近から高尾駅前にかけて植えられた763本のイチョウは、大正天皇の御陵造営を記念して1929年に植えられた。この八王子のシンボルの下で79年から始まった市民手作りのいちょう祭りは恒例になった。

12月
初旬金曜～25日　ウインタービスタ・イルミネーション　17時から21時まで、JR中央線立川駅北口、青梅線西立川駅に近い国営昭和記念公園。シャンパングラスツリー、イチョウ並木のイルミネーション、澄んだ空に浮かぶ冬花火……ミニコンサートやアート展も開かれる。17時以降の入園は立川口ゲートのみ。

菖蒲・花菖蒲まつり

薬師池公園・花菖蒲園　5月下旬〜6月中旬

　JR横浜線、小田急線町田駅北口からバス鶴川行き、野津田車庫行き、薬師池または薬師ヶ丘下車。

北山公園　6月ごろ

　新東京百景に選ばれている園内の菖蒲田に170種10万本が咲き競う。野だてや琴演奏、模擬店が出てにぎやか。西武新宿線東村山駅西口から徒歩20分。

吹上しょうぶ公園　6月初旬〜下旬

　2.1ヘクタールに200種以上10万本が咲き誇る。JR青梅線東青梅駅から徒歩15分、河辺駅北口からバス塩船循環または裏宿行き、吹上しょうぶ公園入口下車。期間中、小学生以上200円。

武蔵村山市湖南衛生組合菖蒲園　6月初旬〜下旬

　約3000株。6月は無休。西武拝島線・多摩都市モノレール玉川上水駅から徒歩約20分。

立川公園花菖蒲園　6月

　根川緑道沿いに約2000平方メートルに50種ほどが咲く。多摩都市モノレール柴崎体育館駅から徒歩5分。

日の出町花菖蒲の里　6月

　玉の内花菖蒲の里で、100種3000株を自治会有志が育てている。きゃらぶきなど加工品や野菜など地元の産品の販売。JR青梅線福生駅西口からバス平井経由五日市行き、日の出折り返し場下車、徒歩約10分。

あじさいまつり

高幡不動尊　6月初旬～7月上旬
50種類以上7500株が境内の斜面を彩る。京王線・多摩都市モノレール高幡不動駅から徒歩2分。

府中市郷土の森博物館　6月～7月初旬
セイヨウアジサイなど約30種1万株が植わる。京王・JR南武線分倍河原駅から郷土の森総合体育館行きバス。

東京サマーランド　6月中旬～7月中旬
園内のファミリーパークで、種類の多さで屈指の約60種1万5000株を魅せる。中でも貴重種で、純白のアナベルが山の斜面を覆う様子は必見。京王・JR八王子駅・五日市線秋川駅からバス。

朝顔市

くにたち朝顔市　7月第1土、日曜日
ＪＲ国立駅南口の一橋大学正門南側の大学通り。朝6時半ごろから大輪の朝顔を出展。1鉢で4色の花が楽しめるのが、この市の特徴。

せいせき朝顔市　7月第1土、日曜日
京王線聖蹟桜ヶ丘駅西口周辺。8時ごろから18時ごろまで、朝顔育成農家と市民が育てた2000鉢ほどが並ぶ。地元産野菜などの販売も。

ほおずき市

信松院ほおずき市　7月9日～10日
八王子市台町の信松院境内。同寺院の四万六千日縁日として毎年開いている。草花の鉢植え、風鈴なども販売。ＪＲ西八王子駅から徒歩13分。

車人形　式三番　神楽　獅子舞

川野の車人形
　3月5日13時半から16時、奥多摩町の奥多摩湖湖畔にある川野生活館。地元保存会が受け継いできた浄瑠璃の車人形。次代を継ぐ小学生たちの人形遣いの扱い方にも舞台から目が離せない。JR青梅線奥多摩駅からバス。

小沢の式三番
　9月第1土曜日　檜原村小沢コミュニティーセンター。五穀豊穣などを願って翁、尉、千歳の三役が古式ゆかしく上演する「三番叟」。中世から行われていたが、途絶え、1770（明和7）年に復活、地元の若者たちが受け継いで、伊勢清峯神社の例祭で奉納している。18時半ごろから出演者が秋川でみそぎをした後、20時ごろから午前0時前まで上演。東京都指定無形民俗文化財。JR五日市線武蔵五日市駅からバス小岩、藤倉行き、宮ケ谷戸下車。

柏木野神代神楽
　檜原村柏木野自治会館　9月第2土曜日　JR五日市線武蔵五日市駅からバス数馬行き、柏木野下車。

奥多摩湖水源地郷土芸能フェスティバル
　9月11日ごろ　奥多摩水と緑のふれあい館。JR青梅線奥多摩駅からバス、奥多摩湖方面行き、奥多摩湖下車。

武蔵御嶽神社薪神楽
　10月第2土曜日　日曜日も19時半から青梅市御岳の武蔵御嶽神社鳥居前。JR青梅線御嶽駅からバスとケーブルカーを乗り継いで徒歩25分。

高水山古式獅子舞
　4月8日に近い土曜と日曜。初日は11時半から青梅市上成木の常福院、翌日は10時ごろから高水山の不動堂前で。江戸時代に奥多摩町大丹波から伝わったといわれる三匹獅子。ささら摺りや笛、うたに合わせて舞う、黄金、黒、赤の頭の獅子が荘厳な風情を醸し出す。常福院へはJR青梅線東青梅駅からバス上成木行き、終点下車、高水山の不動堂へはJR青梅線軍畑（いくさばた）駅から登山道約90分。

清戸の獅子舞
　7月中旬の日曜日15時と19時、清瀬市中清戸の日枝神社。400年以上続く三匹の獅子が格調高い笛の音に合わせて舞う。夜店も出る。西武池袋線清瀬駅北口から徒歩15分ほど。

玉の内の風祭獅子舞
　8月第2土曜日、日の出町大久野の三嶋神社。400年ほど前に武田氏の落人が伝えたという獅子舞。13時に玉の内会館を出発、町内3カ所で舞って、22時に終了。JR青梅線福生駅西口からバス平井経由武蔵五日市駅行き、落合下車。

穴澤天神社里神楽・獅子舞
　8月第3日曜日16時ごろから稲城市矢野口の穴澤天神社。国指定文化財、江戸の里神楽を奉奏するほか、三頭の獅子が神社入口の石段を舞いながら勇壮に登る。市指定の獅子舞も奉納。境内には市指定文化財の筆塚がある。京王よみうりランド駅から徒歩10分。

南沢獅子舞
　10月15日ごろ　東久留米市の南沢氷川神社（昼）と多聞寺（夜）。4年ごとに行われる祭りで、前回は2005年に披露された。江戸時代初期から伝わる、市の無形民俗文化財。夜は多聞寺で三匹獅子舞や神楽が上演される。西武池袋線東久留米駅から徒歩15分。

火渡り

西福寺火渡り荒行
　1月第3日曜日11時から、日の出町大久野の西福寺。供物や乳木を焚き上げた後、ここを13時ごろから経を唱えながら裸足で渡る。JR五日市線武蔵五日市駅からバス萱窪下車。

高尾山大火渡り祭
　3月第2日曜日13時から高尾山麓薬王院祈祷殿前広場。山伏の姿をした修験者が経文を唱えながら素足で赤い熾（おき）の上を渡る荒行を披露。14時ごろから一般参加者が体験できる。京王線高尾山口駅から徒歩3分。

つつじ祭りの火渡り荒行
　5月3日11時ごろから、青梅市の塩船観音寺。祭り期間中、入山料大人300円。JR青梅線河辺駅北口からバス西東京団地行き塩船観音寺入口下車。

清宝院火渡り
　8月15日13時ごろから、青梅市の清宝院。JR青梅線青梅駅から徒歩10分。

年表

多摩・武蔵野3万年のあゆみ

時代		和　暦	西暦	多摩のできごと	日本・世界のできごと
日本のあけぼの	旧石器・縄文時代	約3万5000年前		野川流域の熊ノ郷遺跡（国分寺市）から黒曜石の石器と焼けた石（礫群）が出土。中山谷遺跡（小金井市）からは日本最古級の打製の剥片石器が出土	岩宿遺跡（群馬県赤城山）から黒曜石の打製石器が出土、旧石器時代の人類の存在が確認された
		約2万年前		野川中洲北遺跡（小金井市）の地層から寒冷気候のピークを示す針葉樹が出土	
				武蔵台遺跡（府中市）から刃を磨くための砥石が出土	
		約1万3000年前		前田耕地遺跡（あきる野市）の住居跡から大型の石槍やサケの歯が出土	
		約3500年前		下宅部遺跡（東村山市）から漆塗りの木製容器や食料が出土	
	弥生時代	紀元前4～紀元3世紀		関東では弥生文化が発展する	水稲耕作・金属文化が伝わる
				八王子市叶谷町で中期前期の須和田式土器が出土	
				鶴見川の上流域にある東雲寺遺跡（町田市）から環濠集落が出土。八王子市周辺では本格的な米作や畑作がはじまる	
	古墳時代	500～600		亀塚古墳（狛江市）が出現	
		600～700		多摩川中流域の府中崖線に下布田、飛田給古墳群（調布市）、白糸台、塚原、高倉、御嶽塚古墳群（府中市）、下谷保古墳群（国立市）などの群集墳が並ぶ	大山古墳に代表される巨大な前方後円墳が出現 倭国の統一（大和朝廷の成立）(350年頃) ローマ帝国が東西に分裂(395)
				出山横穴墓群（三鷹市）、御塔坂横穴墓群（三鷹市・調布市）などの横穴墓が流行	

時代		和暦	西暦	多摩のできごと	日本・世界のできごと
貴族の時代	奈良時代	大宝元年	701	大宝律令によって武蔵国の国府が府中にできる	藤原京(694)、平城京(710)が成立
		和銅元年	708	武蔵野から銅を献じる。和同開珎が作られる	大宝律令を定める(701)
		天平13年	741	国分寺建立の詔にもとづき、武蔵国分寺が現在の国分寺市に建立される	富士山噴火(800)
		天平宝字4年	760年頃	武蔵の人々の生活の歌が数多く『万葉集』に載る	
		宝亀2年	771	武蔵国が東山道から東海道に転属となる	
	平安時代	承和2年	835	武蔵国国分寺七重塔が落雷のため炎上	藤原純友の乱(934)
		天慶2年	939	平将門の乱	武士の誕生(10世紀頃)
		保元元年	1156	武蔵七党、保元の乱で主力部隊	平治の乱(1159)
		治承4年	1180	源頼朝、江戸重長を武蔵国諸雑事のまとめ役とする	平氏滅亡(1185)
		元暦元年	1184	平山季重が一ノ谷合戦で活躍	
武士の時代	鎌倉時代	建永2年	1207	幕府、武蔵野の開墾を命令	源頼朝死去(1199)
		弘安元年	1278	正福寺地蔵堂(東村山市)が建立	和田合戦(1213)
		元弘3年	1333	新田義貞が幕府打倒の旗揚げ	承久の乱(1221)
				新田義貞軍が北条軍と小手指原(所沢市)、久米川(東村山市)、分倍河原(府中市)、関戸(多摩市)などで合戦。幕府滅亡	
		建武2年	1335	新田義貞が国分寺薬師堂を再建	
	室町時代	北・興国2年 南・暦応4年	1341	府中・鎌倉攻めを企てた武蔵三郎が逮捕される	室町幕府が成立(1336)
		応永23年	1416	上杉禅秀の乱が起きる	百年戦争(1339)
		永享10年	1438	永享の乱で鎌倉公方足利持氏が幕府軍に敗れ自害	ヨーロッパでペストが大流行(1347)
		享徳3年	1454	享徳の乱が起こり、京都より10年余り先に戦国時代に突入	南北朝が合一(1392)
		長享3年	1489	府中馬市が盛況	応仁の乱(1467)
		大永4年	1524	北条早雲が武蔵国を征服	北条早雲が小田原城に入城(1495)
		天文15年	1546	河越城の戦い以後、北条氏康が関東一円を支配	ルターの宗教改革(1517)
					室町幕府滅亡(1573)

時代	和暦	西暦	多摩のできごと	日本・世界のできごと
武士の時代 / 室土・桃山時代	永禄4年	1561	辛垣山（現青梅市）で三田氏が滅亡	
	永禄12年	1569	武田信玄が滝山城（現八王子市）を攻める	本能寺の変（1582） 羽柴秀吉が関白となる（1585）
	天正18年	1590	八王子城（現八王子市）で北条氏が滅亡	徳川家康が江戸城に入城（1590）
武士の時代 / 江戸時代	慶長5年	1600	八王子町に八王子千人同心が配置される	
	慶長9年	1604	大久保長安が多摩地域の甲州街道を整備	江戸幕府が成立（1603）
	承応4年	1654	玉川庄右衛門、清右衛門が玉川上水を開削	
	明暦4年	1658	明暦の大火（1657）で神田連雀町（現千代田区）の住民が下連雀村（現三鷹市）へ、本郷元町（現文京区）の住民が吉祥寺村（現武蔵野市）へ移住	イギリスで名誉革命（1688）
	享保8年	1723	享保の改革によって武蔵野、多摩郡で新田開発が始まる	徳川吉宗が享保の改革を開始（1716）
	元文4年	1739	押立村（現府中市）の名主川崎平右衛門が新田世話役に登用される	
	宝暦11年	1761	宝暦箱訴事件	天明の飢饉が起こる（1783） アメリカ合衆国独立宣言（1776）
	天明4年	1784	天明一揆	
	文化11年	1814	千人頭原胤敦らによって『新編武蔵風土記稿』編纂	
			多摩に蘭学が伝わり八王子千人同心の伊藤猶自と小谷田子寅が受容	シーボルトが長崎に来航（1823）
	天保7年	1836	八王子騒立て事件（8月）、天保貼札騒動（11月）が起きる	
	天保14年	1843	天保の改革で奢侈(しゃし)織物製造が禁止され八王子織物が打撃	老中水野忠邦、天保の改革を開始（1841）
	安政元年	1854	ペリー来航に関して『公私日記』や『小島日記』に綴られる	浦賀にペリーが来航（1853）
	安政4年	1858	八王子に集められた生糸が「絹の道」を通り横浜に運ばれる	日米修好通商条約締結（1858）

時代		和暦	西暦	多摩のできごと	日本・世界のできごと
江戸時代		安政4年	1858	農民の間で天然理心流が流行し、近藤勇、土方歳三らが習う	新選組結成(1863)
		慶応2年	1866	物価高騰で武州一揆が起きる	リンカーン大統領暗殺(1865)
日本近代化の時代	明治時代	明治2年	1869	旧代官支配地「武蔵県」を3分割、西南部に品川県を置く	戊辰戦争終わる(1869.5.18)
		明治3年	1870	御門訴事件で農民ら逮捕、獄死者も（1.10）	
		明治4年	1871	廃藩置県で多摩郡の大部分が神奈川県に編入	
		明治14年	1881	五日市憲法草案を千葉卓三郎らが起草	
		明治22年	1889	甲武鉄道（現JR中央線）が開通（新宿〜立川間　4.11、立川〜八王子間　8.11）	大日本帝国憲法発布(1889.2.11) 市制・町村制施行、東京市ができる（1889.5.1）
		明治23年	1890	第一回総選挙で三多摩から石阪昌孝、瀬戸岡為一郎を選出（7.1）	教育勅語発布(1890.10.30)
		明治26年	1893	東京府神奈川県境域変更法で三多摩が東京府に移管（4.1）	
		明治27年	1894	青梅鉄道（現JR青梅線）が開通（立川〜青梅間　11.19）	
				川越鉄道(現西武国分寺線)が開通(国分寺〜久米川間　12.21)	日清戦争が勃発(8.1)
		明治30年	1897	八王子町で大火災、全戸数の6割を焼失（4.22）	赤痢大流行(1897)
		明治34年	1901	多摩地域初の府立中学・府立第二中学校（現都立立川高校）が開校（5.3）	
		明治38年	1905	甲武鉄道と中央東線が直通運転開始（飯田町〜甲府）	日露戦争が勃発(1904.2.10)
		明治39年	1906	鉄道国有法により甲武鉄道が国有化（10.1）	
		明治41年	1908	横浜鉄道（現JR横浜線）八王子〜東神奈川間が開通（9.23）	
		明治42年	1909	八王子町に多摩で最初の電話開設（3.1）	
				第一区連合府県立全生病院（41年、国立療養所多摩全生園）が東村山に創立	

時代	和　暦	西暦	多摩のできごと	日本・世界のできごと
	明治43年	1910	多摩川大洪水（8月）	韓国併合(8.22)
日本近代化の時代	大正2年	1913	京王電氣軌道（現京王電鉄）が開通（笹塚～調布間　4.15）	第一次護憲運動始まる(1912.12)
	大正3年	1914	憲政擁護運動で三多摩壮士が活躍	第一次世界大戦勃発(8.23)
	大正4年	1915	武蔵野鉄道（現西武池袋線）が開通（池袋～飯能間　4.15）	
	大正6年	1917	井の頭恩賜公園開園（5.1）	
	大正8年	1919	分倍河原古戦場が東京府史蹟に指定（10月）	
			八王子市で大正デモクラシーを主導した吉野作造による講演会	
	大正9年	1920	多摩川の筏流し中止（4.25）	萩原タケ・第1回ナイチンゲール記章受章(5.12)
	大正11年	1922	立川に陸軍飛行第五大隊設置、立川飛行場建設（8月）	
	大正12年	1923	公園墓地の多磨霊園開園（4月）	関東大震災(9.1)
	大正13年	1924	東京天文台(現国立天文台)が麻布飯倉町から三鷹村に移転（9月）	
			狛江市に万葉歌碑を再建	
	大正14年	1925	成蹊学園が池袋から武蔵野村に移転（3月）	普通選挙法成立(5.5)
			玉南電氣鉄道(現京王電鉄)が開通(府中～東八王子間　3.2)	治安維持法成立(5.12)
			五日市鉄道(現JR五日市線)が開通(拝島～武蔵五日市間　4.21)	
第二次世界大戦の時代	昭和元年	1926	大正天皇が崩御し武蔵野陵墓地を横山村（現八王子市）に造成	
	昭和2年	1927	村山下貯水池完成（3月）	金融恐慌始まる(3月)
			東京商科大学（現一橋大学）が神田から谷保村（現国立市）に移転（4.1）	
			西武鉄道（現西武新宿線）・小田原急行鉄道（現小田急小田原線）が開通（4月）	
			京王電氣軌道によって調布に京王閣が開園される	

時代	和暦	西暦	多摩のできごと	日本・世界のできごと
第二次世界大戦の時代	昭和4年	1929	南武鉄道（現JR南武線）分倍河原～立川間が開通（12.11）	世界恐慌が起こる（10.24）
			中央線新宿～立川間が電化	
	昭和5年	1930	横河電機製作所が渋谷から武蔵野町（現武蔵野市）に移転	
	昭和6年	1931	国立療養所清瀬病院・府立清瀬病院開設	満州事変(9.18)
			津田英学塾が麹町（現千代田区）から小平村（現小平市）に移転（9月）	
	昭和8年	1933	東京競馬場が目黒から府中町（現府中市）に移転（11月）	五・一五事件(1932.5.15)
			日活撮影所が現京王多摩川駅前に完成	
	昭和10年	1935	東京高等農林学校（現東京農工大学）が駒場から府中町（現府中市）に移転	
	昭和11年	1936	現日野市の吉田時計店(現オリエント時計)、六桜社(コニカミノルタホールディングス)、日野重工業(現日野自動車)、富士電機、神戸製鋼所東京研究所(現神鋼電機)誘致始まる	二・二六事件(2.26)
	昭和12年	1937	中島飛行機武蔵製作所が武蔵野町（現武蔵野市）で操業（8月）	日中戦争勃発(7.7)
	昭和13年	1938	東京陸軍航空学校が所沢から村山村（現武蔵村山市）に移転	国家総動員法公布(4.1)
	昭和14年	1939	砂川村（現立川市）に陸軍航空審査部飛行場（現横田基地）開設	第二次世界大戦勃発(9.1)
			東京緑化計画を策定、グリーンベルト構想打ち出す	日独伊三国同盟成立(1940.9.27)
	昭和16年	1941	調布飛行場完成（4.30）	太平洋戦争勃発(12.8)
	昭和17年	1942	日立製作所中央研究所（国分寺市）が創立	
			井の頭自然文化園（武蔵野市、三鷹市）が井の頭恩賜公園内に開園	
	昭和18年	1943	富士電機豊田工場操業	東京都制施行(7.1)

（昭和時代）

時代	和暦	西暦	多摩のできごと	日本・世界のできごと
復興・成長の時代	昭和19年	1944	米軍爆撃機、中島飛行機武蔵製作所を空襲（11.24)、都区内から多摩に学童疎開	B29による空襲が再三、集団疎開始まる
	昭和20年	1945	八王子・立川空襲	広島(8.6)・長崎(8.9)に原子爆弾投下
			品川区から疎開した国民学校4年の男児が空襲で死亡（7.8）	日本敗戦 ポツダム宣言受諾(8.15)
			八高線小宮〜拝島間の多摩川鉄橋上で列車が衝突、乗客100人以上死亡（8.24）	
			米軍立川基地・横田基地設置（9月）	農地改革、日本国憲法施行(1947.5.3)
	昭和23年	1948	太宰治が玉川上水で入水自殺（6.13）	
			アイオン台風で多摩川・秋川・浅川が出水	
	昭和24年	1949	三鷹事件（7.15）	
	昭和25年	1950	秩父多摩国立公園指定（7.1）	朝鮮戦争始まる(6.25)
	昭和26年	1951	小河内貯水池の工事再開、小河内村（現奥多摩町）解村式（9.16）	対日講和条約・日米安全保障条約調印(9.8)
			東京で初めて国立町（現国立市）が「文教地区」指定	
	昭和27年	1952	青梅線小作駅から貨車4両暴走、青梅事件（2.19）	メーデー事件(5.1)
	昭和28年	1953	米軍輸送機が小平町（現小平市）に墜落、129人死亡	町村合併促進法公布（9.1）
	昭和30年	1955	砂川闘争（米軍立川基地拡張反対闘争）が起きる（5.8）	
			多摩地域の人口100万人突破	
	昭和31年	1956	全国初の公団住宅、三鷹市牟礼団地入居開始（11.9）	首都圏整備法公布(4.26)
	昭和32年	1957	小河内貯水池竣工（6.6）	
	昭和33年	1958	多摩動物公園開園（5.5）	東京タワー完成(10.14)
	昭和35年	1960	ブリヂストン東京工場（小平市）操業	カラーテレビ放送開始（9.10）
	昭和36年	1961	中央線中野〜三鷹間、複々線（7月）	

時代	和暦	西暦	多摩のできごと	日本・世界のできごと
復興・成長の時代	昭和36年	1961	昭島市で太古のクジラの化石発見（8.20）、のち「アキシマクジラ」と命名	
			多摩テック（日野市）開園	
	昭和38年	1963	石原プロモーションが調布市に本店を設立（1.16）	J・F・ケネディ米大統領暗殺（11.23）
			サントリー武蔵野ビール工場（府中市）が操業	
	昭和39年	1964	よみうりランド（稲城市）開園	東京オリンピック開催（10.10）
	昭和40年	1965	多摩ニュータウン事業の都市計画決定（12月）	
	昭和42年	1967	東京サマーランド（現あきる野市）開園	公害対策基本法施行(8.3)
			中央自動車道調布〜八王子間開通（12月）	
			青梅マラソン大会が初めて開催	
	昭和43年	1968	五日市憲法草案が東京経済大学の色川大吉教授ゼミによって発見（8.27）	川端康成がノーベル文学賞を受賞(10.17)
			府中で3億円強奪事件（12.10）	小笠原諸島返還、東京都に編入(6.26)
	昭和46年	1971	多摩ニュータウン入居開始（3.26）	
	昭和47年	1972	立川基地へ自衛隊移駐（3月）	沖縄返還(5.15)
	昭和49年	1974	台風16号で多摩川増水、狛江市で氾濫、民家流失（9.1）	
	昭和51年	1976	福生市を舞台とした『限りなく透明に近いブルー』で、村上龍が芥川賞を受賞	ロッキード事件で田中角栄前首相逮捕(7.27)
	昭和52年	1977	米軍立川基地全面返還（11.30）	
	昭和53年	1978	現羽村市動物公園が日本初の町営動物園として開園	日中国交正常化(9.29)
	昭和58年	1983	国営昭和記念公園開園（10.26）	東京ディズニーランド開園(4.15)
	昭和59年	1984	野火止用水に再び送水（8.21）	
	昭和60年	1985	東久留米市情報公開制度が多摩地域で初めてスタート（7.1）	日航機、群馬県御巣鷹山に墜落(8.12)

時代欄：昭和時代

時代	和　暦	西暦	多摩のできごと	日本・世界のできごと
新しい時代 — 昭和時代	昭和60年	1985	スタジオジブリが小金井市に設立（6月）	
	昭和61年	1986	玉川上水、小平水衛所より下流へ再び通水（8.27）	伊豆大島三原山噴火（11.21）
	昭和62年	1987	都市型CATVの多摩ケーブルネットワーク開局（4.1）	国鉄分割民営化(4.1)
新しい時代 — 平成時代	平成元年	1989	千川上水、清流復活	消費税実施(4.1)
			トヨタ自動車東京デザイン研究所（八王子市）設立	ベルリンの壁崩壊(11.9)
	平成2年	1990	小田急多摩線小田急多摩センター〜唐木田間開通（3.27）	湾岸戦争起こる(1.17)
			京王相模線南大沢〜橋本間開通（3.30）	イラクがクウェートへ侵攻(8.2)
			檜原村と山梨県上野原町の間に甲武トンネルが開通（4月）	スーパーファミコン発売(11.21)
			国分寺市に「平和の灯」が点火（8.15）	
			サンリオピューロランド（多摩市）開園	
	平成3年	1991	羽村町が市制を施行し羽村市となる（11.1）	都庁舎、有楽町から新宿へ移転(4.1)
			福生市が多摩地域初の登録文化財制度を制定（4月）	
	平成4年	1992	五日市伊奈(現あきる野市)で毎月17日に「いな市」復活(7.17)	
			多摩東京移管100周年記念プレイベントTAMA文化トーク開催（11.3）	
	平成5年	1993	江戸東京博物館の分館「江戸東京たてもの園」が都立小金井公園に開園（3.28）	白神山地(自然)、屋久島(自然)、法隆寺(文化)、姫路城(文化)が世界遺産に認定される(12月)
			多摩東京移管百年（4.1）	
	平成6年	1994	福武書店（現ベネッセコーポレーション）が東京支社を多摩市に移転	
	平成7年	1995	秋川市と五日市町が合併、あきる野市となる（9.1）	阪神・淡路大震災(1.17)

時代	和暦	西暦	多摩のできごと	日本・世界のできごと
新しい時代 / 平成時代	平成10年	1998	多摩都市モノレール立川北～上北台間開通（11.27）	特定非営利活動促進法（NPO法）施行（12.1）
	平成11年	1999	株式会社まちづくり三鷹（三鷹市）設立（9.28）	
	平成12年	2000	多摩都市モノレール立川北～多摩センター間延伸（1.10）	九州・沖縄サミット（7.21）
			「大学サミット多摩2000」開催	サザンオールスターズの『TSUNAMI』が大ヒット
			秩父多摩国立公園が秩父多摩甲斐国立公園となる（8.10）	
	平成13年	2001	田無市と保谷市が合併、西東京市となる（1.21）	アメリカ同時多発テロ（9.11）
			三鷹の森ジブリ美術館（三鷹市）が開館（10.1）	
	平成14年	2002	学術・文化・産業ネットワーク多摩設立（7月）	
	平成17年	2005	新住宅市街地開発事業による都市基盤整備終了	JR福知山線脱線事故（4.25）
			首都大学東京が開学（4.1）	郵政民営化法案が成立（10.14）
			国立国語研究所が北区から立川市に移転（2月）	
	平成18年	2006	多摩中央信用金庫、太平信用金庫、八王子信用金庫が合併し多摩信用金庫となる（1.10）	
	平成19年	2007	首都圏中央連絡自動車道八王子～あきる野間開通（6月）	
			JR立川駅構内にエキュート立川が開業	
			都民の森「大滝の路」がセラピーロードに認定される（3.23）	
	平成20年	2008	国文学研究資料館が品川区から立川市に移転（3月）	
	平成21年	2009	JR南武線に西府駅が開業（3.14）	
			八王子から移転した東京地方裁判所立川支部などが開庁（4.20）	
			多摩テック（日野市）が閉園予定（9.30）	
	平成25年	2013	多摩国体開催予定	

知のミュージアム　多摩・武蔵野検定って？

【1】なぜするの？　その意義
　もっと多摩・武蔵野のことを知ってほしい。この検定を通して多摩の魅力を再発見し、地域への愛着と誇りを培い、楽しみながらまちづくりに活躍していただくことが目的です。受検者の資格制限はありません。

【2】なにをするの？　その内容
　多摩・武蔵野に関する理解を深めていただくため、公式テキストや問題集に沿う形で、自然、地形、歴史、文化遺産、産業、教育、文化など、多摩に関するさまざまな事柄を出題します。

平成21年度　多摩・武蔵野検定
〈検定級〉
　　多摩・武蔵野検定マスター3級／多摩・武蔵野検定マスター2級
〈日　時〉
　　平成21年11月8日（日）
　　3級…10時00分〜11時30分／2級…14時00分〜15時30分
〈検定料〉
　　3級　3,150円、　団体割引価格　2,625円
　　2級　5,250円、　団体割引価格　4,200円
〈会　場〉
　　中央大学多摩キャンパス（多摩都市モノレール：中央大学・明星大学駅下車すぐ）

検定概要

検定級	マスター3級	マスター2級
出題範囲	公式テキストから80％以上	公式テキストから60％以上
問題数	択一式100問以内	択一式100問以内 （文章穴埋め問題も含む）
試験時間	90分	90分
合格基準	正解率70％以上	正解率70％以上

【直前講座】
　日　時：平成21年10月18日（日）
　会　場：中央大学多摩キャンパス
　時　間：3級……10時00分～13時00分
　　　　　2級……14時00分～17時00分
　受講料：6,300円

【おさらい講座】
　日　時：平成21年11月8日（日）
　会　場：中央大学多摩キャンパス
　時　間：3級……12時15分～13時30分
　　　　　2級……15時45分～17時00分
　受講料：1,050円　　　　　　　　　　（検定料、受講料は税込みです）

【申し込み】
　〈期間〉　平成21年8月3日（月）～平成21年9月28日（月）

【問い合わせ】
　多摩・武蔵野検定事務局
　TEL：042-524-9577
　FAX：042-591-8831（10：00～17：00土・日曜、祝日を除く）
　E-mail：info@tamakentei.jp
　〒191-8506　東京都日野市程久保2－1－1　明星大学20号館6階
　（社）学術・文化・産業ネットワーク多摩

平成20年度　第1回検定結果
　～10月26日、電気通信大学

検定級	3級
申込者	1,561人
受検者	1,329人
合格者	1,044人
合格率	78.6%
平均点	77.0点
最高点	97.0点

年代別受検者率

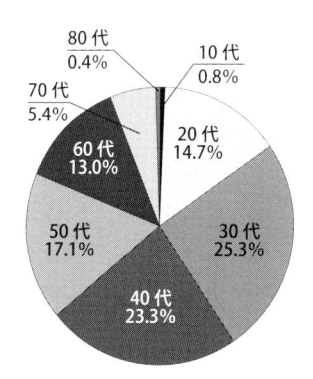

- 10代　0.8%
- 20代　14.7%
- 30代　25.3%
- 40代　23.3%
- 50代　17.1%
- 60代　13.0%
- 70代　5.4%
- 80代　0.4%

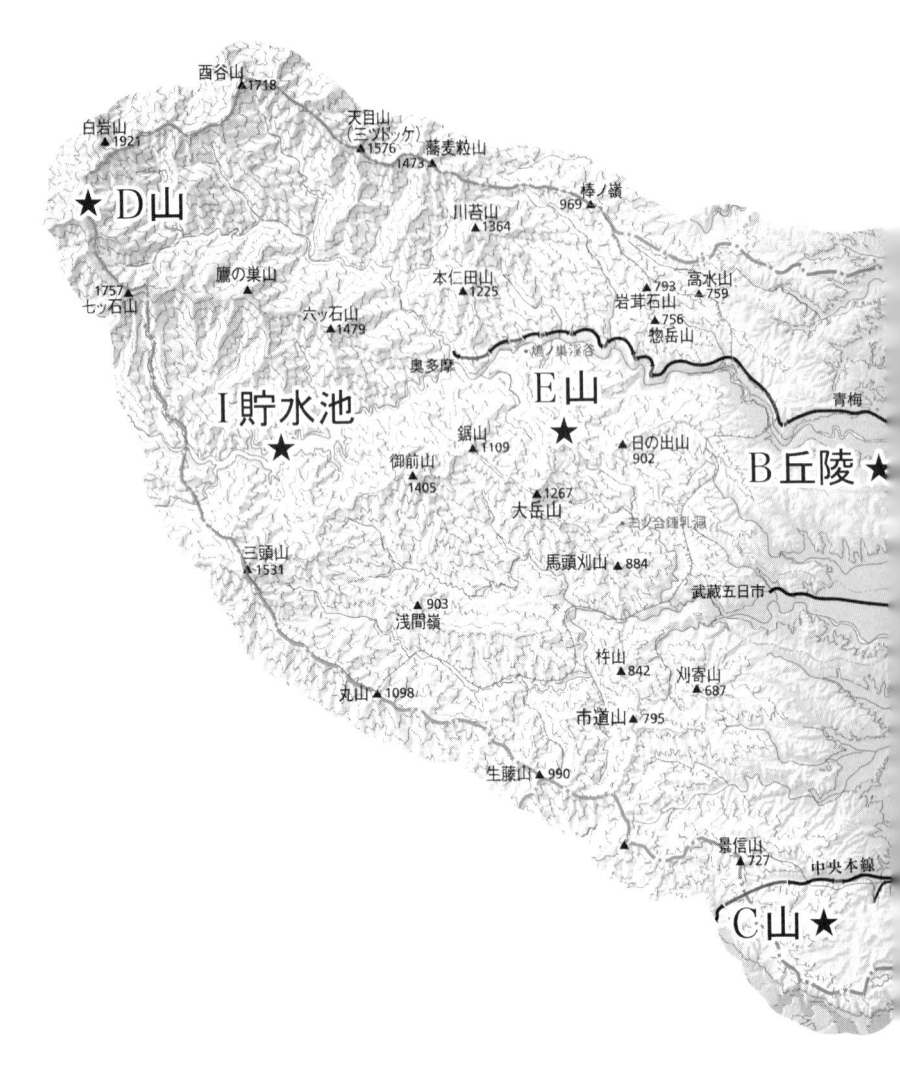

2008（平成20）年度　知のミュージアム
多摩・武蔵野検定　マスター3級検定問題

多摩・武蔵野全図

※地図内の★は設問箇所が存在する場所を示しています。
※地図中の▲は山を、数字は標高を示しています。

〈多摩の地理〉

以下の問題は前のページに示した多摩地域の地図に関する問題です。選択肢の中から正しいと思う番号を選んでください。

1 Aの丘陵地は何というでしょう。
 ①狭山丘陵　②草花丘陵　③多摩丘陵

2 Bの丘陵地は何というでしょう。
 ①草花丘陵　②多摩丘陵　③狭山丘陵

3 Cの山は何というでしょう。
 ①御岳山　②雲取山　③高尾山

4 Dの山は何というでしょう。
 ①高尾山　②雲取山　③御岳山

5 Eの山は何というでしょう。
 ①鷹の巣山　②御岳山　③陣馬山

6 Fの路線は何というでしょう。
 ①JR武蔵野線　②JR横浜線　③西武拝島線

7 Gの路線は何というでしょう。
 ①西武拝島線　②JR武蔵野線　③JR横浜線

8 Hの貯水池は何というでしょう。
 ①村山貯水池　②小河内貯水池　③山口貯水池

9 Iの貯水池は何というでしょう。
 ①小河内貯水池　②山口貯水池　③村山貯水池

10 Jの水路は何というでしょう。
 ①神田上水　②玉川上水　③砂川分水

11 Kの河川は何というでしょう。
 ①鶴見川　②境川　③多摩川

12 Lの河川は何というでしょう。
 ①多摩川　②境川　③鶴見川

〈多摩の姿〉

多摩地域の概観について以下の問題に答えてください。

13 2006（平成18）年時点での多摩地域の人口は400万人を超えています。
①○　　②×

14 武蔵村山市は、清瀬市よりも西にあり、昭島市よりも南に位置しています。
①○　　②×

15 狭山丘陵は、宮崎駿のアニメ映画『となりのトトロ』の舞台となったといわれたことから、「トトロの森」の名でも親しまれています。
①○　　②×

16 フランスのミシュラン社が出した旅行ガイドブックで三ツ星に選ばれた山は高尾山です。
①○　　②×

17 昭島市域の多摩川では、マンモスの全身骨格がほぼ完全な形で発見されました。
①○　　②×

18 右の写真は多摩地域の山野で見られるカタクリです。
①○　　②×

19 多摩丘陵の雑木林や湧水池で姿を見られるトウキョウサンショウウオは、開発などによる環境悪化の影響で、絶滅が心配されています。
①○　　②×

20 多摩地域の寺社には巨樹が多いですが、武蔵御嶽神社（青梅市）の参道には国の天然記念物に指定されている「神代ケヤキ」があります。
①○　　②×

21 「国立」の名前の由来は、立川の「立」と国分寺の「国」をとって名付けられました。
①○　②×

22 武蔵野台地は、野川がつくった扇状地です。
①○　②×

23 多摩地域にはいくつの自治体があるでしょう。
①25市5町1村　②27市2町1村
③28市4町1村　④26市3町1村

24 多摩地域の中で一番新しく誕生した自治体はどこでしょう。
①あきる野市　②西東京市　③羽村市　④稲城市

25 国分寺市の日立製作所中央研究所内を源に、多摩川へ注ぐ川は何というでしょう。
①浅川　②残堀川　③野川　④黒目川

26 市域が多摩ニュータウンに属さない市はどこでしょう。
①町田市　②八王子市　③日野市　④稲城市

27 2006（平成18）年時点で、多摩地域にあるJRの駅で1日の平均乗降客数が一番多い駅はどこでしょう。
①国分寺駅　②八王子駅　③立川駅　④吉祥寺駅

28 奥多摩町にある奥行き約800メートルで関東随一の規模を誇る鍾乳洞はどこでしょう。
①日原鍾乳洞　②大岳鍾乳洞　③三ツ合鍾乳洞　④養沢鍾乳洞

29 国の天然記念物で、枝が垂れた形の変種のアカシデがあるのはどこでしょう。
①高幡不動尊（日野市）　②大國魂神社（府中市）
③武蔵御嶽神社（青梅市）　④幸神（さぢがみ）神社（日の出町）

30 高尾山で生息が確認されていない生物はどれでしょう。
①ニホンカモシカ　②イタチ　③サンショウウオ　④テン

〈歴史と遺産〉

多摩地域の歴史と遺産について、以下の問題に答えてください。

31　奈良時代に成立した律令国家において、武蔵国は、現在の埼玉県のほぼ全域、隅田川以東と島しょ部を除く東京都のほぼ全域、さらに川崎市と横浜市の大部分を占めていました。
　　①○　　②×

※この問題は検定試験後、加筆しました。

32　徳川家康は、多摩を江戸防衛の地として重要視し、その守りのために八王子千人同心を配置しました。
　　①○　　②×

33　江戸幕府のもっとも重要な関所のひとつで、箱根（現神奈川県箱根町）、碓氷（現群馬県安中市）とともに三大関所と呼ばれていたのは、小仏関所（現八王子市）です。
　　①○　　②×

34　関東を支配する代官を八王子町に集住させ、大岡越前守（忠相）に統括させました。
　　①○　　②×

35　下連雀村（現三鷹市）は明暦の大火で被害を受けた神田連雀町（現千代田区）の住民が移り住んで開いた村です。
　　①○　　②×

36　多摩川・秋川流域の村々では鮎を江戸幕府に上納していました。
　　①○　　②×

37　江戸の飲料水の需要が増えたので、多摩川の水を江戸に引くために玉川上水が開削されました。
　　①○　　②×

38　右の絵は、武蔵野台地の村落で行われていた炭生産の様子を描いたものです。
　　①○　　②×

39 右写真の人物は自由民権運動の中で政治結社「自治改進党」を結成した吉野泰三です。
①○　②×

40 武蔵国の国府は、現在のどの自治体に置かれていたでしょう。
①国立市　　②調布市
③八王子市　④府中市

41 中世武士団の武蔵七党のうち、多摩郡周辺に拠点を持っていた武士団はどれでしょう。
①猪俣党　　②児玉党　　③丹党　　④横山党

42 1156（保元元）年に京都で起こった「保元の乱」の主力部隊だった武蔵の武士団を率いたのは誰でしょう。
①源義朝　　②新田義貞　　③足利尊氏　　④平将門

43 新田義貞の鎌倉攻めの際、多摩地域で行われた合戦の場所はどこでしょう。
①小手指原　　②分倍河原　　③高幡　　④立川

44 多摩地域を南北に通り、新田義貞の鎌倉攻めなどに使われた街道はどこでしょう。
①甲州街道　　②鎌倉街道　　③青梅街道　　④小金井街道

45 室町時代から戦国時代にかけて活躍し、守護代を務め、高月城（八王子市）や滝山城（八王子市）を築いたのは誰でしょう。
①北条氏　　②三田氏　　③大石氏　　④上杉氏

46 1590（天正18）年、前田・上杉連合軍に攻められ、北条氏滅亡の舞台になった城はどこでしょう。
①勝沼城（青梅市）　　②滝山城（八王子市）
③深大寺城（調布市）　④八王子城（八王子市）

47 多摩地域の「馬市」から、関ヶ原の戦いや大坂の陣に軍馬が調達されていたといわれていますが、その馬市が開かれていたのは現在のどの自治体でしょう。
①府中市　　②青梅市　　③八王子市　　④あきる野市

48 駿府で亡くなった徳川家康の棺を日光に移す際に通った村は何村でしょう。
①高幡村（現日野市）　②館村（現八王子市）
③小野路村（現町田市）　④吉祥寺村（現武蔵野市）

49 江戸時代初めに、江戸城や江戸市中の建築資材に使用された石灰が運ばれていた街道はどれでしょう。
①甲州街道　②青梅街道　③小金井街道　④五日市街道

50 青梅街道の成立とともに沿道には宿場が設置されましたが、宿場間の距離が18キロメートルあり、人馬の往来に支障があるとの理由で開かれた村はどこでしょう。
①中野村（現中野区）　②箱根ヶ崎村（現瑞穂町）
③新町村（現青梅市）　④小川村（現小平市）

51 江戸市民の飲料水を確保するため、井の頭池を水源とする神田上水を整備したといわれる人物は誰でしょう。
①大久保主水（もんと）　②大久保長安
③遠山金四郎　④玉川庄右衛門

52 享保の改革期に武蔵野新田の経営を安定させるため、農民から新田世話役に登用された人物は誰でしょう。
①吉野織部之助　②田中休愚（きゅうぐ）
③小川九郎兵衛　④川崎平右衛門

53 幕末期、多摩地域の農民の間に広まった剣術で、近藤勇が四代目宗家を継いだ剣術はどれでしょう。
①北辰一刀流　②天然理心流
③神道無念流　④甲源一刀流

54 新選組の副長として活躍した土方歳三の出身地はどこでしょう。
①調布市　②府中市　③日野市　④町田市

55 1870（明治3）年におこった御門訴事件で、農民たちが門訴を実行した役所はどこでしょう。
①小菅県　②東京府　③神奈川県　④品川県

56 自由民権運動が盛んだった多摩地域で、全204条からなる五日市憲法草案を起草したのは誰でしょう。
①石阪昌孝　②千葉卓三郎　③北村透谷　④植木枝盛

57 大正末、多摩川畔に再建された「万葉歌碑」はどこにあるでしょう。
①稲城市　　②狛江市　　③調布市　　④府中市

58 1927（昭和2）年に開園し、プール、ベビーゴルフや屋内遊戯施設などを備えた「京王閣」があったのはどこでしょう。
①府中市　　②調布市　　③日野市　　④多摩市

59 1923（大正12）年の開園後、利用者数が低迷していた多磨霊園（府中市）は、1934（昭和9）年にある人物が埋葬されたことで急速に利用者が増えました。この人物は誰でしょう。
①与謝野晶子　②長谷川町子　③東郷平八郎　④内村鑑三

60 1945（昭和20）年7月8日、品川区から疎開してきた国民学校4年生の男児が空襲で亡くなりました。彼を悼んだ「ランドセル地蔵」が建てられた相即寺はどこにあるでしょう。
①八王子市　　②立川市　　③日野市　　④三鷹市

61 東大和市が戦争遺跡として1995（平成7）年に文化財に指定した変電所は、どの軍需工場のものでしょう。
①日立航空機　②中島飛行機　③立川飛行機　④昭和飛行機工業

62 1952（昭和27）年、教育上好ましくない業種の進出を規制する「文教地区」の指定を東京で初めて受けたのは、現在のどの自治体でしょう。
①小平市　　②国立市　　③武蔵野市　　④立川市

63 室町時代に建立された都内唯一の国宝建造物である正福寺地蔵堂がある自治体はどこでしょう。
①東村山市　　②東久留米市　　③町田市　　④日の出町

64 1968（昭和43）年当時、国内最大の住宅開発が始まって、縄文時代の遺跡が1000ヵ所近く出土したのはどこでしょう。
①多摩平団地　　②鶴川団地
③多摩ニュータウン　　④牟礼団地

65 道路や公園など配置に奥行きがある多摩ニュータウンで映画やドラマが撮影されます。次の作品で多摩ニュータウンが舞台でないものはどれでしょう。
①『毎日が夏休み』　　②『定年ゴジラ』
③『どこまでもいこう』　　④『踊る大捜査線』

〈産業と文化〉

多摩地域の産業と文化について、以下の問題に答えてください。

66 戦争中、多摩地域に集積していた航空機産業を支えていた技術者は、終戦によりさまざまな分野に転出し、日本の高度成長を支えました。自動車産業はその中でも代表的な産業分野です。
①○　②×

67 1960（昭和35）年以降の高度成長で、「ガチャ万、コラ千」と形容されたほど、八王子や青梅の織物業は急速に発展しました。
①○　②×

※この問題は検定試験後、加筆しました。

68 瑞穂町、武蔵村山市、青梅市あたりでは、江戸時代からお茶が栽培され、埼玉県産の狭山茶と区別するために「多摩狭山茶」と名づけられました。
①○　②×

69 多摩地域には競輪場や競艇場など全国的にも名高い公営競技施設がありますが、競馬場はありません。
①○　②×

70 森林の持つ癒やしやストレス解消などの効果を活用する「森林セラピー」が注目されていますが、檜原都民の森「大滝の路」が2007（平成19）年3月に「森林セラピーロード」として認定されました。
①○　②×

71 昭和10年代、日野市の「町おこし」で誘致された企業には、吉田時計店（現オリエント時計）、六桜社（現コニカミノルタホールディングス）などがあり、後に「日野五社」と呼ばれました。残り三社に含まれない企業はどれでしょう。
①日野重工業（現日野自動車）　②横河電機
③富士電機　④神戸製鋼所東京研究所（現神鋼電機）

72 2005（平成17）年時点で、製造品出荷額が多摩地域で一番多い自治体はどこでしょう。
①三鷹市　②府中市　③八王子市　④日野市

73 2005（平成17）年時点で、多摩地域の製造品出荷額はどの位でしょう。
①600億円　②6000億円　③6兆円　④60兆円

74 三鷹市にある三鷹光器は、手術用顕微鏡の世界的なメーカーです。同社で実際に行われているユニークな入社試験はどれでしょう。
①円周率を覚える暗記問題　②そろばんでの計算問題
③模型飛行機を作る　④英語での自己紹介

75 1972（昭和47）年に文部省直轄の研究機関として設立され、2008（平成20）年に品川区から立川市へ移転してきた機関はどれでしょう。
①多摩繊維技術センター　②国文学研究資料館
③生化学工業中央研究所　④国立国語研究所

76 世界標準時を測定し、日本標準時を定めている公的研究機関はどれでしょう。
①電力中央研究所（狛江市）　②国立天文台（三鷹市）
③鉄道総合技術研究所（国分寺市）
④情報通信研究機構（小金井市）

77 2007（平成19）年10月、ＪＲ立川駅構内に開業した商業施設の名前は何でしょう。
①グランベリーモール　②グランデュオ
③エキュート　④ザ・モール

78 小金井市の「ハケ」や国分寺市の「恋ヶ窪」など、武蔵野を舞台とした『武蔵野夫人』をはじめ、『レイテ戦記』『俘虜記』などの代表作がある作家は誰でしょう。
①遠藤周作　②大岡昇平　③山本有三　④村上龍

79 小河内貯水池（奥多摩湖）の建設で湖底に沈んだ村の物語を著した石川達三の小説名は何でしょう。
①『日蔭の村』　②『四十八歳の抵抗』　③『風にそよぐ葦』
④『流れゆく日々』

80 右の写真は『新・平家物語』『宮本武蔵』を執筆した作家の記念館です。何という施設でしょう。
①武者小路実篤記念館（調布市）
②吉川英治記念館（青梅市）
③村野四郎記念館（府中市）
④三鷹市山本有三記念館（三鷹市）

81 幼いころに岩倉使節団に随行して渡米し、後に小平市にある大学の礎となった女子のための英語塾を開いた人は誰でしょう。
①横川楳子　②石阪美那子　③橘秋子　④津田梅子

82 戦後、多摩地域で最初にできたレジャー施設はどれでしょう。
①よみうりランド（稲城市）　②多摩テック（日野市）
③東京サマーランド（あきる野市）
④サンリオピューロランド（多摩市）

83 開園当時、「世界最大の屋内ドーム」を持ち、都内で初めて波の出るプールができたレジャー施設はどこでしょう。
①東京サマーランド（あきる野市）
②多摩テック（日野市）
③よみうりランド（稲城市）
④昭和記念公園（立川市、昭島市）

84 1978（昭和53）年当時、国内で初めて町営の動物園として開園したのはどこでしょう。
①わんにゃんワールド多摩（多摩市）
②羽村市動物公園（羽村市）
③高尾自然動植物園（八王子市）
④町田リス園（町田市）

85 多摩動物公園の人気スポット「スカイウォーク」の主役の動物は何でしょう。
①チンパンジー　②コアラ
③オランウータン　④マレーバク

86 「円谷幸吉と走ろう」という呼びかけで生まれた市民マラソン大会はどれでしょう。
①多摩川マラソン大会　②青梅マラソン大会
③奥多摩駅伝大会　④武相マラソン大会

87 自生のムサシノキスゲが見られることで有名な公園はどこでしょう。
①野川公園（三鷹市、調布市、小金井市）　②昭和記念公園（立川市、昭島市）③野山北公園（武蔵村山市）　④浅間山公園（府中市）

88 観光資源としている花と施設の組み合わせで正しくないものはどれでしょう。
①府中市郷土の森博物館（府中市）－ウメ　②昭和記念公園（立川市、昭島市）－ポピー　③北山公園（東村山市）－花菖蒲　④多摩森林科学園（八王子）－コスモス

89 江戸時代に、多摩丘陵の特産物の一つで「禅寺丸」という名で江戸に出荷されていた果物は、近年、地域ブランドのワインに加工されています。その果物は何でしょう。
①桃　②梨　③柿　④栗

90 多摩川沿いで昔から生産されていて、「新高」や「稲城」などの品種がある産品は何でしょう。
①コンニャク　②ワサビ　③梨　④豚

91 立川市が日本一の生産量を誇る農産物は何でしょう。
①サツマイモ　②ウド　③ブルーベリー　④セリ

92 東京都内でニンジンの生産量１位を誇る自治体はどこでしょう。
①清瀬市　②東久留米市　③狛江市　④奥多摩町

93 多摩地域の林業関係で、日の出町が日本一の生産量を誇る産品は何でしょう。
①卒塔婆　②薪炭　③木工芸品　④木質ペレット

94 滝が凍結する日を問うクイズを出したり、ライトアップをしたりして注目度を上げている落差60メートルの「払沢（ほっさわ）の滝」があるのはどこでしょう。
①奥多摩町　②日の出町　③檜原村　④瑞穂町

95 スタジオジブリ（小金井市）の作品の中で、多摩市の聖蹟桜ヶ丘周辺の街並みをモデルにした作品はどれでしょう。
①『おもひでぽろぽろ』　②『風の谷のナウシカ』
③『耳をすませば』　④『ハウルの動く城』

96 昭和初年以降、多摩川に鉄筋コンクリート製の橋が架設されるようになると、各地の「渡し」が廃止されていきました。昭和40年代に最後に廃止された「渡し」はどこでしょう。
①是政の渡し（府中市）　　②拝島の渡し（昭島市）
③菅の渡し（調布市）　　　④矢野口の渡し（稲城市）

97 中央線の立川〜浅川駅（高尾駅）間が電化されたのはいつ頃でしょう。
①昭和20年代　②大正末期　③昭和10年代　④昭和初年

98 『天才バカボン』や『ひみつのアッコちゃん』などを世に出した、昭和を代表する漫画家・赤塚不二夫のテーマ館はどこにあるでしょう。
①八王子市　②青梅市　③立川市　④三鷹市

99 2008（平成20）年夏に環境省が選定した「平成の名水百選」に、東京都内で唯一選ばれた「落合川と南沢湧水群」はどこにあるでしょう。
①武蔵村山市　②清瀬市　③西東京市　④東久留米市

100 毎年1月に青梅駅周辺や拝島大師（昭島市）、高幡不動尊（日野市）などで市が開かれる多摩地域の伝統工芸品は何でしょう。
①だるま　②傘　③団扇（うちわ）　④籠（かご）

08年第1回3級検定試験問題　正解と正解率（％）

《多摩の地理》
問1	③94.3
問2	①70.6
問3	③97.7
問4	②95.6
問5	②85.5
問6	①97.4
問7	③98.4
問8	①89.5
問9	①96.2
問10	②95.7
問11	③98.3
問12	②64.3

《多摩の姿》
問13	①95.6
問14	②88.0 昭島市よりも北
問15	①96.2
問16	①96.2
問17	②73.4 クジラの全身骨格
問18	①84.4
問19	①92.2
問20	①65.9
問21	①86.5
問22	②71.9 多摩川がつくった扇状地
問23	④79.9
問24	②89.2
問25	③84.5
問26	③75.7
問27	③83.6
問28	①95.2
問29	④59.5
問30	①52.9

《歴史と遺産》
問31	①―
問32	①94.0
問33	①87.0
問34	②76.5 大久保長安
問35	①95.6
問36	①93.4
問37	①91.9
問38	①84.3
問39	②44.3 写真は石阪昌孝
問40	④92.2
問41	④86.8
問42	①36.6
問43	②93.6
問44	②93.1
問45	③61.6
問46	④59.4
問47	①61.6
問48	③35.9
問49	②65.4
問50	④46.6
問51	①42.3
問52	④58.5
問53	②92.2
問54	③93.1
問55	④52.2
問56	②46.4
問57	②49.7
問58	②69.5
問59	③71.7
問60	①56.1
問61	①34.4
問62	②90.9
問63	①80.7
問64	③94.6
問65	④86.7

《産業と文化》
問66	①93.0
問67	①―
問68	②56.3 東京狭山茶と呼ばれている
問69	②98.3 東京競馬場が府中市にある
問70	①96.2
問71	②78.6
問72	④69.8
問73	③49.1
問74	③67.2
問75	②52.7
問76	④66.3
問77	③90.9
問78	②76.2
問79	①89.4
問80	②89.8
問81	④98.0
問82	②66.8
問83	①95.9
問84	②91.2
問85	③78.5
問86	②96.9
問87	④55.8
問88	④74.1
問89	③74.0
問90	③88.5
問91	②89.5
問92	①59.8
問93	①80.1
問94	③76.7
問95	③87.7
問96	③8.1
問97	④18.7
問98	②84.3
問99	④41.7
問100	①93.5

◆執筆協力いただいた方々

昭島市企画政策室
あきる野市生涯学習推進課
浅見知明（立川市総合政策部企画政策課主査）
阿部明美（多摩市立図書館主査）
天野未知（井の頭自然文化園教育普及係）
五十部悠（中央大学総合政策学部）
稲葉上道（国立ハンセン病資料館学芸員）
美しい多摩川フォーラム
江波戸史代（武蔵野市都市整備部吉祥寺まちづくり事務所）
太田知子（ライター）
岡部信之（中央大学総合政策学部）
小澤尚弘（チェロ・コンサートコミュニティー）
小野一之（府中市郷土の森博物館学芸員）
及川良彦（東京都埋蔵文化財センター主任調査研究員）
金田篤（檜原村産業環境課産業観光係主事）
鎌田沙織（中央大学総合政策学部）
北村卓哉（中央大学総合政策学部）
小平市市民生活部産業振興課
小谷田政夫（稲城市生涯学習課文化財保護担当）
金野啓史（日野市教育委員会）
坂田宏之（たましん地域文化財団歴史資料室主任）
佐々木桂一（東京工業高等専門学校准教授）
佐々木弘治（東久留米市企画経営室企画調整課長）
清水ゆかり（日野市立図書館市政図書室分館長）
関昇司（清瀬市市民生活部産業振興課長）
染谷洌（関東の歴史と文化を考える会副会長）
田井秀（まちだ史考会幹事）
立川寛之（八麺会）
田村満（日野市まちづくり部産業振興課長）
丹生重吉（あきる野市商工観光課長）
調布市郷土博物館
東京都市町村立図書館長協議会三多摩地域資料研究会

豊田泰之（国分寺市政策部政策経営課）
中川安菜（中央大学総合政策学部）
中庭光彦（多摩大学総合研究所准教授）
野崎和子（ＮＰＯ法人エンツリー）
橋場万里子（多摩市文化振興財団学芸員）
八王子市教育委員会文化財課
羽生田正人（日野市緑と清流課公園係主事）
馬場憲一（法政大学大学院人間社会研究科教授）
浜中茂（青梅市郷土博物館管理係長）
東大和市企画財政部企画課
蛭田廣一（小平市企画政策部参事・市史編纂）
福田啓一（町田リス園副園長）
福生市社会教育課文化財係
福生市生活環境部地域振興課地域振興係
古厩忠嗣（西東京市企画部企画政策課）
保坂一房（たましん地域文化財団歴史資料室長）
松崎稔（町田市立自由民権資料館主事）
松原渉（中央大学総合政策学部）
松本司（町田市立博物館副館長）
丸浜耕史（中央大学大学院公共政策研究科）
宮沢賢臣（羽村市教育委員会）
武蔵野市環境生活部生活経済課
武蔵野市生涯学習スポーツ課
武蔵野市水道部
武蔵野商工会議所
師哲也（多摩ケーブルネットワーク総務部総務課長）
山田香日実（中央大学総合政策学部）
吉田恭子（ＮＰＯ法人エンツリー代表）
和田洋介（日野市農業委員会委員）

多摩・武蔵野検定模擬問題集

2009年6月30日　第1刷発行
2009年9月5日　第2刷発行

編　著／社団法人 学術・文化・産業ネットワーク多摩
発行者／清水　定
発行所／株式会社けやき出版
　　　　http://www.keyaki-s.co.jp
　　　　〒190-0023　東京都立川市柴崎町3-9 6 高野ビル
　　　　TEL042-525-9909　FAX042-524-7736
ＤＴＰ／有限会社 桐原デザイン工房
装　丁／有限会社 ソーイトン
印刷所／株式会社 平河工業社

ⓒ network TAMA 2009, printed in japan
ISBN978-4-87751-390-0 C0036
乱丁・落丁本は、お手数ですが小社までお送りください。
送料小社負担にてお取り替えいたします。

"タマケン"にも役立つ けやき出版の本

多摩の鉄道沿線 古今御案内
1785円　今尾恵介 著
中央線、京王線、小田急線、西武線、青梅線、南武線……。さまざまな歴史と表情を持つ鉄道が縦横する多摩。新旧地形図や時刻表から見えてくる沿線地域の歴史を綴る。

多摩川絵図今昔――源流から河口まで
3360円　今尾恵介 監修
江戸時代後期につくられた木版4色刷りの絵巻『調布玉川惣畫圖』を全収録。当時の自然、交通、文化などを絵図から読み取った地誌的変遷や地名考を解説。

多摩の街道
上 甲州街道・青梅街道編　下 鎌倉街道・町田街道・五日市街道ほか
各1575円　清水克悦　津波克明　池上真由美 著
日常の街に埋もれる歴史の足跡、栄枯の一瞬を歩いて味わう。14の街道、45コースを地図付きで紹介する紀行。

多摩百年のあゆみ
1223円　多摩百年史研究会 編著
多摩地域の独自性に視点をおき、多摩の近代史を検証する。

東京の公園と原地形
1890円　田中正大 著
「谷戸」を歩くと景色が次々と展開していく。地形を生かして設計された関東一円24の公園の成り立ちからその歴史を解説する。

けやき出版　価格は税込